心とカラダが若返る！

美女ヂカラ

リベラル社

広告代理店で働く杏奈23才
社内には憧れの先輩がいます
その先輩はいつもキレイで
おはよー
おはよーございます！
仕事も早くバッチリこなします
資料まとめてあります
ありがとう
おじさん社員とも仲良しだし
大阪万博の頃って―
うんうん
よく知ってるねー
プライベートもいいかんじ
迎えにきたよ
プップー
あらありがと

あんなふうに
なりたいな〜
明美センパイ…
ダダダ
ちょっと杏奈!!!
聞いたー!?
明美先輩って…
……。
ばたばたばた
明美先輩っ!!
48オってホントですか!?
ホホホ
あの部長と同期!?
あらホントよぉ♪
もーバラしちゃったのね〜〜あの子たち
アンチエイジングの習慣を続けていれば誰でも若いままでいられるわよ♡
じゃねー
実は息子
…アンチエイジングって…何?
ま…魔法?

美女ヂカラ もくじ

第1章 スキンケア

第2章 食事

第3章 ボディ

第4章 習慣

第5章 心と脳

登場人物紹介

井上 杏奈(23)

平日でもオールナイトでカラオケや飲み会へ行く元気な新人。若さにまかせて無茶をしがち。ニキビができやすい。

吉田 明美(48)

アンチエイジング習慣を続け、見た目は20代の魔女。20代の息子あり。時折、会話中に実年齢を示す単語が出る。

松本 清子(35)

疲れがとれにくくなった30代既婚者。海外ドラマ好きで休日は1日中DVDを見ている。二重あごを気にしている。

早乙女専務(年齢不詳)

社長の息子。『カラダは男、心はオネエ』で美しいものが好き。明美と美容の話で盛り上がることが多い。

浅倉部長(48)

明美と同期。着実に年齢を重ねた見本。アンチエイジングに興味を持ち始め、オフィスなどのプチ努力にも参加。

キャサリン

早乙女専務の飼っている犬。専務と同じで美容に厳しい。普段はのんびりさんだが、社員を叱る時は猛獣化する。

第1章

スキンケア

シワやシミなど、顔にあらわれる変化は
大きいもの。毎日のスキンケアで
いつまでも若々しい肌を保ちましょう。

SKIN CARE

清子35才
既婚・子ども無
今日
哀しいことが
ありました
広告用の
ポスター撮影に
立ち会った時
いいかんじに撮れてますよ
コロコロ
ハイ
お姉さん
ありがとう
じゃあとはこの辺を…
あっまた
行っちゃった
ポン

ハイ
ありがとう おばさん！
ピシッ
はああ…
…私の方が年下なのに…
ストレス解消にDVD一気見（おかし付き）
テレビ
ジャック死なないで〜
うわ〜(泣)
ポリポリ
おかし
もうオレ寝るわ
DVDの山
ウフフ
あぁ明美さんは何もしなくてもキレイなんだもんな
世の中不公平…
翌朝
おはよーございまーす
キイ…
ぎょっ

あ
おはよう
しにょー
明美さん
何してるん
ですか…
コワイ
ごめんね
マッサージ中なの
えっ
明美さんでも
そういうこと
するんですか
ビックリした～
当たり前よー
どんどんたるんで
くるんだもの
ケアしなきゃ
いつもは家で
やってくるんだけど
今朝忘れちゃって
明美さんでも
陰でそんな努力
してるんだ…
よしっ
バッチリ♥
明美さん！
そのマッサージ
教えて下さい
いいわよ
私も
がんばろう!!
カンタンよっ

数日後
あれ？少しやせた？
最近よく言われるこの言葉…
ああ…
快感♡
教えてもらったマッサージで二重あごが目立たなくなってきたのです
スッキリ
体重変わってないのにやせて見えるなんて♡
お客様ならこちらのサイズで大丈夫かと
そーお？じゃあ着てみる
しかし
ぎゅー
お？おぉ？
あッ
ブチッ
お客様〜いかがですかあ？
今日またひとつ哀しいことがありました

スキンケアの選び方

アンチエイジングには日頃のスキンケアを見直すことが大切

肌や体型の衰えは、年を重ねる上で避けて通れません。この老化の進行をできるだけ食い止めて、いつまでも若い体を維持していこうという考え方がアンチエイジングです。

特にシワやシミといった肌の老化は、もっとも顕著にあらわれるため、悩んでいる人も多く見られます。

肌を若々しく保つよう、余分な化学物質の入っていない固形石けんなど、毎日のスキンケア用品を見直すことが大切です。

ツルツル感に要注意

化粧品や美容液などによく含まれている合成ポリマーは、合成樹脂や合成ゴムの総称。合成ポリマー配合の化粧品を使うと、肌の表面がツルツルとして、とてもなめらかになります。

ただし、これはビニールで肌を覆っているようなもの。汗や油分が排出される時の通り道がふさがれるので、肌の老化が加速してしまいます。化粧品を選ぶ際には注意しましょう。

合成ポリマーには
カルボマー、ジメチコンなど
色々な種類があるのよ

合成界面活性剤にご用心

界面活性剤とは

界面活性剤とは、水分と油分を混ぜ合わせる物質で、洗顔料や化粧水など、化粧品のほとんどに使用されています。レシチンなど天然由来のものと、石油などから作られる合成界面活性剤に分けられます。

合成界面活性剤はバリア機能を壊す

肌の表面には、外部の異物が侵入するのを防ぐ機能があります。合成界面活性剤はこのバリア機能を壊して、化学物質など異物を浸透しやすくするのです。

さらに、肌内部の水分が乾燥しやすくなり、肌の老化を進めてしまいます。

避けたい合成界面活性剤

何千もの種類があり、覚えることは大変ですが、化粧品を購入する際は成分表示をよく確認し、できるだけ合成界面活性剤を避けるようにしましょう。

合成界面活性剤の例：ココベタイン、トリエタノールアミン、ラウリル硫酸Na、デシルグルコシド、水添レシチンなど

クレンジング・洗顔料

クレンジングでメイクの油分を落とし
洗顔で汗やほこりを洗い流す

アンチエイジングの美肌作りに大切なのは、肌をきれいに保つこと。メイクをしたら、きちんと落とすことが重要になります。高価な美容液や化粧水を使っていても、ファンデーションなどが毛穴に残っていては意味がありません。

クレンジングはメイクなど油性の汚れを落とすものですが、洗顔は主にほこりや汗、皮脂などを落とす目的で行ないます。

顔をやさしく洗った後は、時間をかけてすすぎをしっかり行ないます。髪の生え際やあごなどに洗顔料が残っていると、肌のトラブルをまねくので注意しましょう。

正しいクレンジング＆洗顔

クレンジング剤を額・鼻筋になじませた後、あごや頬へとのばしていきます。目元や口元をやさしくクレンジングしてから、ぬるま湯で洗い流します。

洗顔料も同様の順番でつけていきます。洗顔は必ずぬるま湯で行なうこと。冷水では毛穴が締まり、汚れが落ちにくくなります。

また、洗顔料を泡立てる前に、手を洗って雑菌を流すことも肝心です。

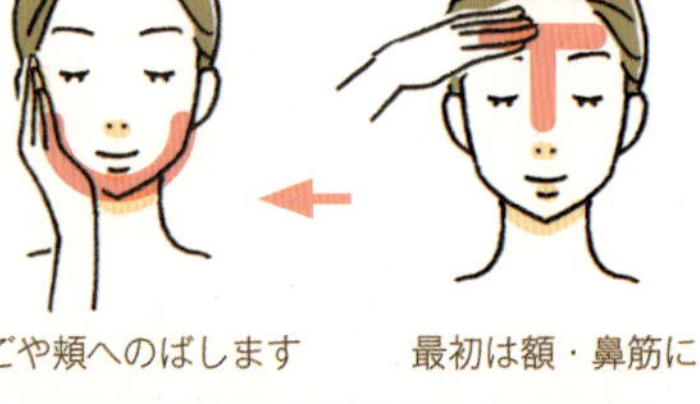

最初は額・鼻筋に

あごや頬へのばします

ポイントメイクの落とし方

クレンジング剤をしみこませたコットンを、目元などにおいてメイクを浮かせます。

コットンをゆっくりと動かしてメイクを拭き取った後、顔全体のメイクを落とします。

クレンジング剤に、オリーブオイルや椿油などの天然オイルを使っても

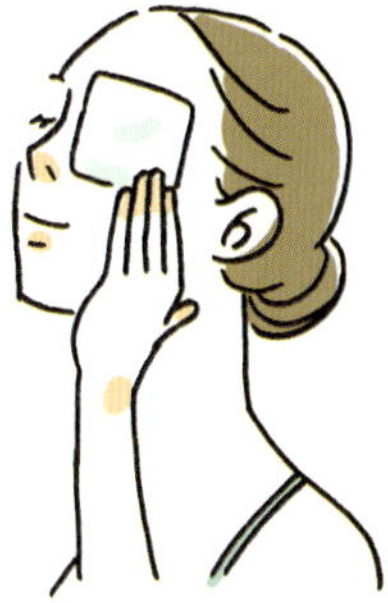

ハチミツ洗顔

ハチミツにはビタミン類が多く含まれている上、保湿効果もあるので、肌が乾燥しやすい人におすすめです。

材料 洗顔料…適量　ハチミツ…小さじ１

❶ 洗顔料を泡立て、ハチミツを加えた後さらに泡立てます。

❷ 顔につけて汚れを落とし、ぬるま湯で洗い流します。

化粧水・美容液

化粧水は洗顔後すぐにつけること その後美容液や乳液で保湿を

化粧水は、保湿を目的とした柔軟化粧水と、毛穴を引き締めたり皮脂を抑えたりする収れん化粧水に分かれます。乾燥肌の人は柔軟化粧水、オイリー肌の人は収れん化粧水がおすすめです。

また、化粧水をつけた後で美容液を使用すると、成分が浸透しやすくなります。美白や保湿など目的に合わせて選ぶようにしましょう。

乳液を使用する場合、テカリが気になる人は、皮脂の多い額や小鼻のまわりに塗るのは控えめに。

さまざまな美容成分

気になるポイントに効く成分を把握して、化粧水などを選ぶ時の目安にしましょう。

美白成分

エラグ酸・アルブチン・コウジ酸・ルシノール・リノール酸・トラネキサム酸・プラセンタエキスなど。

シワ・たるみ予防成分

レチノール・ビタミンC誘導体・ナイアシン・酵母エキス・リボフラビンなど。

保湿成分

セラミド・ヒアルロン酸・コラーゲン・エラスチン・天然保湿因子（NMF）・プロピレングリコール（PG）・グリセリンなど。

カンタン！手作り化粧水

自家製の化粧水なら、どんな成分が入っているかが自分でわかるので安心です。保湿効果のあるグリセリンは、薬局などで手に入ります。

材料 精製水…50㎖　グリセリン…10㎖

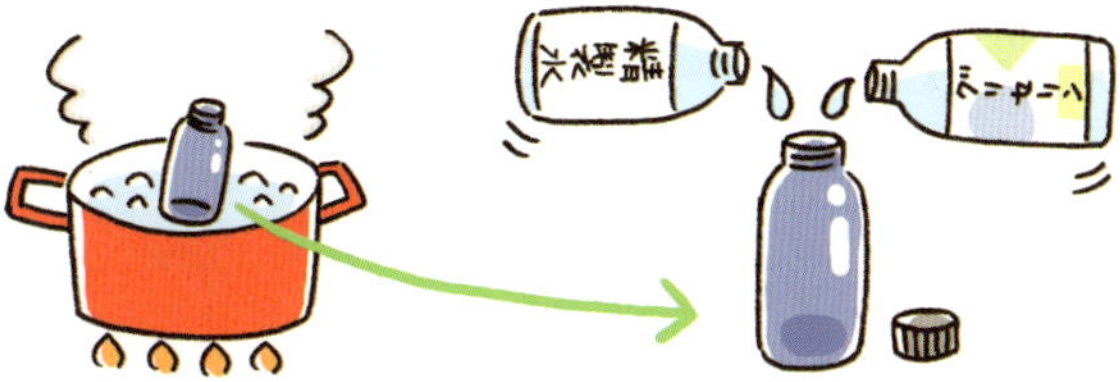

作り方 ❶ 容器を煮沸消毒した後、自然乾燥させます。

❷ 容器に材料を入れて混ぜ合わせます。

グリセリンの量は肌質に合わせて調整可能。冷蔵庫で保管し、早目に使い切るようにしましょう。精油（39p 参照）を数滴混ぜても OK です

化粧水・美容液をつける時の注意点

化粧水は洗顔後すぐに！

洗顔後は、肌の水分が蒸発していきます。潤いを保つために、すぐに化粧水をつけること。

手のひらでたたいたりするのは NG

肌はとてもデリケートなので、刺激が強すぎると、肌を傷める原因となってしまいます。

油分の多いものは最後に

乳液など油分の多いものを先に塗ると、水分をはじいて有効成分が浸透しにくくなります。

UVケア

シミやシワなどの老化現象を助長する紫外線から肌を守ろう

肌の老化を早める紫外線（UV＝Ultraviolet rays）には、UV-AとUV-Bがあります。

UV-Bは、メラニン色素を生成して肌が赤くなる日焼けや、皮膚がんを引き起こす原因になります。UV-Aは、窓ガラスや雲なども通り抜けて肌の奥深くまで達してダメージを与えるので注意が必要です。

どちらもシミを引き起こしたり、肌内部のコラーゲンを減少させてシワやたるみなどの原因となったりするので、両方ともブロックすることが重要です。

UVケアの注意点

UVケア化粧品は、用量を守って手に取り、顔全体に広げた後、シミができやすい頬骨のあたりは重ねづけをします。用量を守らないと、効果が低くなる場合があります。

さらに、その上からパウダーファンデーションをつけておけば、紫外線の悪影響を食い止めることができます。パウダーファンデーションの粉には紫外線を反射し、肌内部への浸透を防ぐ効果があるのです。

SPFとPAの違いって？

日焼け止め化粧品に表示されている「SPF」と「PA」は、カットする紫外線の種類の違い。それぞれを理解して、選ぶ時の参考にしましょう。

SPF

UV-Bをカットする効果を示します。何も塗らない状態に比べ、日焼けまでの時間を何倍まで のばせるかという目安です。

PA

UV-Aをカットする効果を示します。効果は「+」で表し、+の数が多いほど、より効果が高いことを示しています。

日常生活ではSPF10前後・PA+、屋外や海はSPF20～30前後・PA++、雪山や紫外線に敏感な人はSPF50・PA+++を目安に使用しましょう

日焼け止め成分

紫外線吸収剤

紫外線を吸着し、その影響を妨げる物質。化学反応により肌への刺激になることも。パルソールA、オキシベンゾンなど。

紫外線散乱剤

紫外線を物理的に反射させる物質。紫外線を散乱させて肌に侵入するのを防ぎます。酸化チタンや酸化亜鉛など。

シミ

メラニン生成を予防し
ターンオーバーを促すことが大事

肌が紫外線を受けると、紫外線を体内に侵入させないよう、表皮内でメラニン色素が作られます。このメラニンは通常、皮膚の新陳代謝（ターンオーバー）とともに皮膚の表面に送り出され、角質と一緒にはがれ落ちます。

しかし、メラニンが過剰に生産されたり、ターンオーバーが遅れたりして、肌の奥に沈着するとシミになってしまいます。シミの予防・改善は、メラニンの生成を抑え、ターンオーバーを促すことが大切です。

ターンオーバーの周期は約28日だけど加齢で遅くなっていくのよ…

中でも多いのは、老人性色素斑と呼ばれるシミで、初期のものは美白成分が効くこともあります。最初は薄い茶色ですが、徐々に濃くなっていくので、定着すると美白化粧品では消えません。

目の下、頬骨付近にできる肝斑や、ニキビ跡が茶色く残ってしまったシミなどにも、美白成分が有効です。

メラニン
ウフフ

メラニンは
定着する前に消す!!

抹茶パック

抹茶の原料である緑茶には、シミ解消に効果的なカテキンやビタミンCが含まれています。

材料 抹茶…小さじ1　小麦粉…小さじ1
水…適量

抹茶のかわりに
緑茶をミルなどで
ひいたものでもいいわよ
水

❶ 抹茶と小麦粉を混ぜ、ペースト状になるまで水を加えます。

❷ 顔に塗って10分ほどおき、完全に乾かないうちに、ぬるま湯で洗い流します。

シミに効くツボ

それぞれのツボを5回ぐらいずつ指圧します。強すぎると効果が減るので、心地よいと思う程度にしましょう。

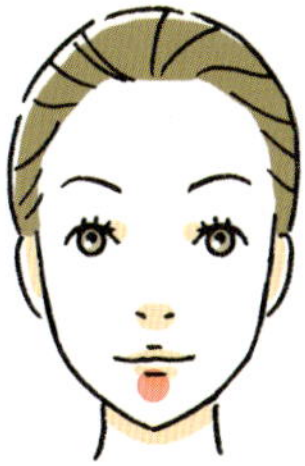

承漿(しょうしょう)

唇の下のくぼみ。人差し指でやさしく指圧します。

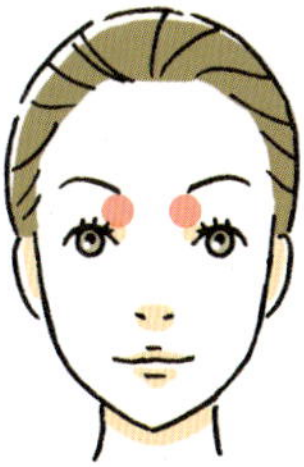

攅竹(さんちく)

左右の眉頭。親指で押し上げるように指圧します。

シワ

深いシワになる前に肌の保湿を積極的に行なって予防を

シワは乾燥によってできる細かいシワと、肌内部のコラーゲンなどが減少したりしてできる、深いシワとがあります。

乾燥が原因のシワは、肌を保湿して潤いを与えると改善されますが、保湿を行なっても消えないシワは、内部にまで達しているといえるでしょう。深いシワが本格的に刻まれてしまう前に、日頃から積極的にケアを行ないましょう。

表情のクセも
シワになりやすいので
注意しましょう

マッサージで肌の新陳代謝を促し細胞を活性化させてシワを改善

また、加齢とともにターンオーバーが遅くなり、古い角質が落ちにくくなることもシワの原因のひとつ。肌のマッサージを行なって代謝を上げるのもシワの改善に有効です。マッサージを行なうことで、血液の流れを促し、新しい皮膚を生み出す細胞を活性化させるのです。

マッサージは明るい気分で
気持ちよく行なうと
より効果アップ！

シワ取り卵黄パック

卵黄にはレシチンと呼ばれる物質が含まれ、皮膚の細胞を活性化し、シワや肌荒れを予防します。週に１回程度行ないましょう。

材料 卵黄…１個分　小麦粉…大さじ１～２

❶ 容器に卵黄と小麦粉を入れ、よく混ぜ合わせます。

❷ 肌に塗り、5~10 分ほど置いてからぬるま湯で流します。

乾燥が気になる場合は、パックにオリーブオイルまたはハチミツを、１～２滴加えます

眉間のシワ解消マッサージ

きゅっと眉をしかめる人につきやすい眉間のシワは、眉間の筋肉をほぐして解消します。

❶ 両手の人差し指を左右の眉頭の上において、眉に沿うように強く骨をこすります。これを 10 回行ないます。

おでこのシワ解消マッサージ

目を見開いたり、眉の上下運動でできやすくなるおでこのシワ。シワが定着してしまう前に、マッサージで肌をやわらかくしておきましょう。

❶ 左手の人差し指を右目の眉頭、中指を眉の中央、薬指を眉尻にあてます。

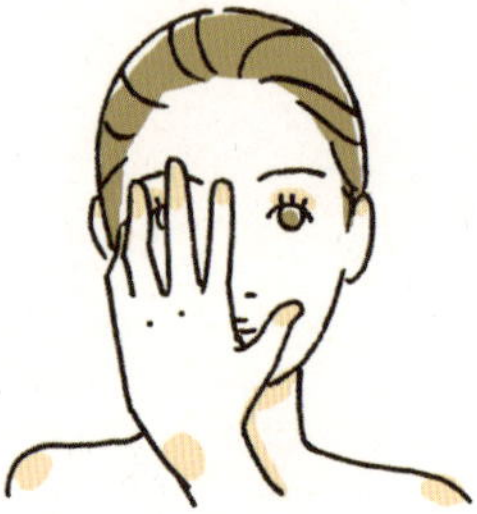

❷ 右眉の指２本分ぐらい上のところを、右手の人差し指、中指、薬指で押さえ、上に引き上げます。これを５回行います。

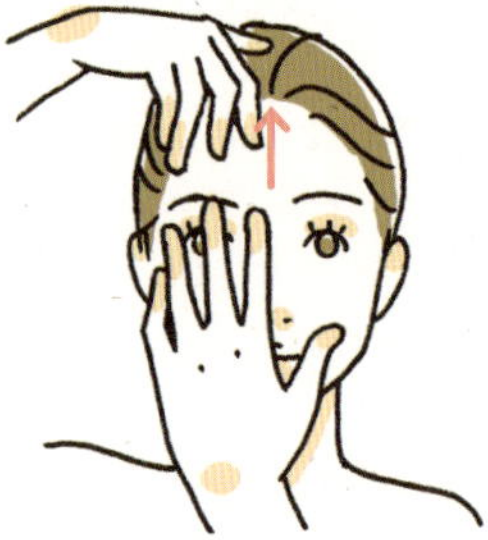

❸ ５回行なったら、手をかえて左側も同様にマッサージします。

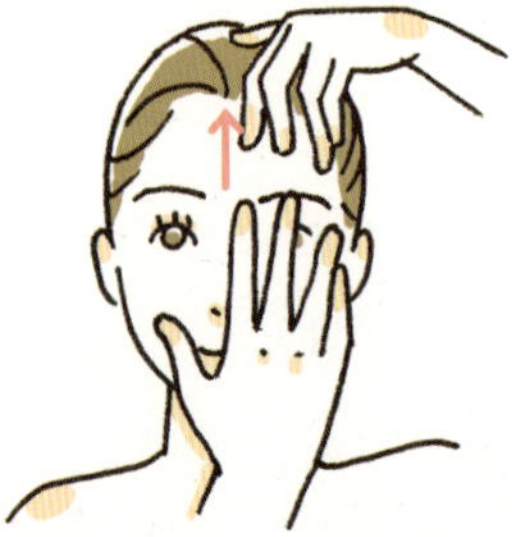

目尻のシワ解消マッサージ

よく笑う人に多く見られるシワです。深く刻み込まれると、老けた印象になるので、初期の段階からこまめにケアしていきましょう。

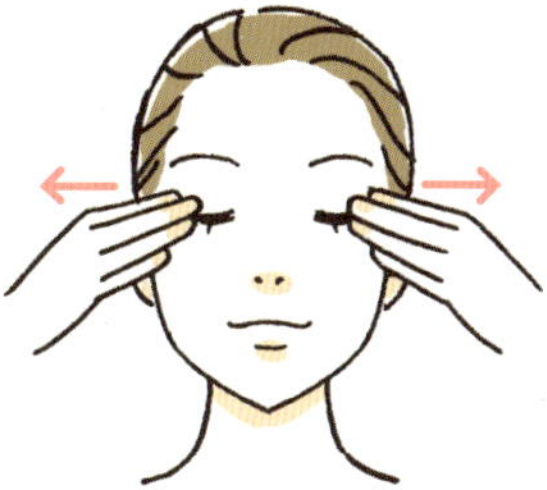

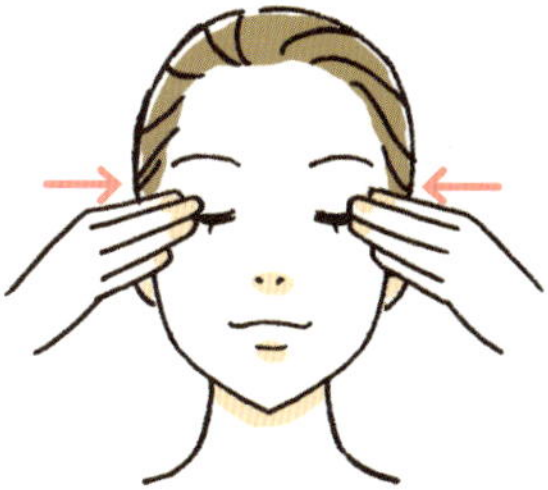

❶ 両手の人差し指、中指、薬指を目尻にあてて、ゆっくりと真横にのばします。

❷ そのまま内側に指を戻します。10回繰り返します。

首のシワ解消マッサージ

首のシワが増えると、それだけで老けて見える印象になります。首のケアを行なって、首に年齢があらわれないようにしましょう。

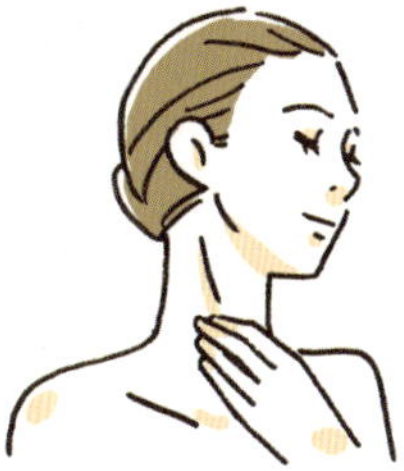

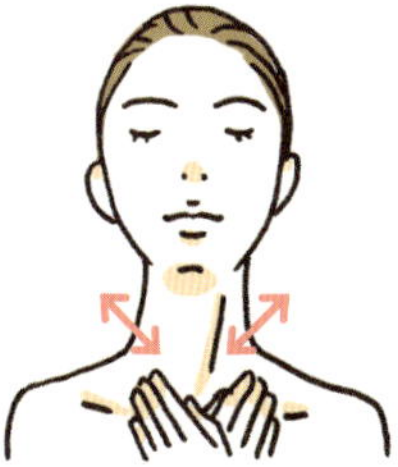

❶ 頭を支える、耳から鎖骨にかけての太い筋肉を見つけます。首を少し横に向けるとよくわかります。

❷ 両手を交差させて首の筋肉に指をあて、前後にさすっていきます。10回行ないます。

今日は友人と
オールで
カラオケ
わいっ
わいっ
カラオケ
歌ったねー
ねむー
ファミレスで
朝ごはん
食べていこー
私これから
仕事
私も
注文しとくよ
私
ミックスサンド
私
ちょっと
トイレ
メニュー
うわっ
ひどいクマ
…ま
メイクで
なんとか
なるよね
…
バシャ
バシャ

そして
そのまま
出社——
あら、井上さん
昨日と同じ服？
お泊まり？
いや〜
友達と
カラオケ
です
へへへ…
オールで
出社できるなんて
若い証拠ね♡
早乙女専務!!
それで
仕事ミス
しやがったら
承知しない
わヨ♥
フフフ……
肝に銘じます…
…むっ!!!
キラーン
あなた!!
クマできてる
でしょう!!
ビシィィィ
ギクッ
ヒィ…
(警告)
ワン
ワン

さすが専務…
アタシの目をあざむこうなんて100万年早いわヨ♡
オーホホホ
ガクー
うまくかくしたと思ったのに
井上さんこっちいらっしゃい
チン♪
ウウ…
おしぼり?
え?
クマ取り温湿布
1. タオルを濡らして軽くしぼります。
2. レンジで温めます。
3. 目の上にしばらくおいておきます。
あったか~♪
ヤケドに気を付けてね
はわ~
コレ気持ちいいですね~
寝不足とかでできるクマは血行を促すといいのよ
目のまわりをマッサージするのも効くわ
…あらっ
ワン

あなたっ
ニキビまで
できてるじゃない!!
え?
一晩メイクしたまま
過ごすなんて
言語道断よっ!!
キャンッ
何?朝洗顔した!?
スミマセン…
若いうちから
無茶ばっかしてると
アタシたちみたいに
なれないわよ!!
存在自体がものすごい説得力。
肝に銘じます…!!
二度目
先輩みたいにはなりたい…
翌日——
あら、井上さん
今日出張
だったかしら?
今日は友達の家で
パジャマパーティー
で〜す♪
クレンジングとかも
バッチリ持って
きました!
夜更かし
まっしぐら…
ウフフ
……
こりてないわね
10年後泣くがいいわ

くすみ

たまった角質や血行不良など原因に合わせた方法でくすみを改善

くすみは、ターンオーバーの乱れや乾燥によって皮膚表面の古い角質が排出されず、厚くなって起こることがほとんど。また、その他にも血行不良や紫外線など、原因はさまざまです。

角質が厚くなっている場合には、古い角質を取り除いて、ターンオーバーを促しましょう。肌が乾燥している場合には、角質を取り除いた後、保湿をしっかり行なうようにします。

特にターンオーバーは就寝中に行なわれるので、睡眠不足が続くと肌がくすみやすくなります。睡眠時間が短いと、はがれ落ちるはずの角質が残ってしまうためです。くすみのない肌を手に入れるためにもしっかり睡眠をとりましょう。

メイクを落とすことは基本

メイクをした日は、きちんとクレンジングを行なうことが鉄則。メイクで肌をふさいでしまうと、老廃物が排出されなくなり、角質が厚くなってしまうので、くすみやシミなど肌に悪影響を及ぼします。メイクをしたまま眠るのは絶対に避けましょう。

ピーリング化粧水

肌の角質を取り除くピーリング用化粧水。使用後は肌にしっかり水分を補いましょう。シミやニキビ、シワなどの改善にも効果があります。

材料 クエン酸…小さじ１　重曹…小さじ１
精製水…100mℓ

❶ 容器を煮沸消毒します。

❷ 材料をすべて入れ、よく混ぜ合せます。

❸ ②を顔につけてコットンでやさしく拭き取ります。週に１回程度行ないます。

クエン酸の量は
調節できるわよ
刺激が強い時は
洗い流してね

くすみ解消マッサージ

血行不良が原因のくすみなら、マッサージが最も効果的。また、ウォーキングなど全身の血行を促すことでも、くすみ解消が期待できます。

❶ 指を丸めて、第一関節から第二関節までの指の骨を、頬骨にあてます。

❷ 頬骨の奥の方に向かって押します。力を入れて 10 秒キープします。

毛穴

肌の弾力を取り戻し
余分な皮脂を取り除くことが重要

過剰に分泌された皮脂と、古い角質が混ざって毛穴につまると、毛穴が黒ずみ、目立って見えるようになります。皮脂の分泌を抑え、角質を確実に排出するようにすることが大切です。

また、加齢で毛穴が目立ってくるのは、主にたるみが原因。コラーゲンなど肌内部の弾力を司る成分が減少し、ハリがなくなってくると、毛穴がしずく型にたれ下がってくるのです。これを防ぐには、肌の弾力を取り戻すことが重要になります。

洗顔のしすぎに注意

毛穴の皮脂が気になるからといって、1日に何度も洗顔を行なうのは逆効果。肌が持つ元々の保湿成分までも洗い流し、肌の乾燥をまねいてしまいます。

肌が乾燥していると、角質が厚くなったり、皮脂の分泌が増えたりするので、毛穴の黒ずみがさらに目立ってしまう結果になりかねません。

洗顔（16p参照）は1日3回までにしましょう。

毛穴スッキリ！卵白洗顔

卵には油分と水分をなじませる乳化作用があるため、余分な皮脂を落としてくれます。また、卵白に含まれるリゾチームには殺菌作用があり、ニキビ予防にも効果的です。

材料 卵白…1 個分

1. 卵白を取り分けます（洗顔前にメイクは落としておきましょう）。
2. 卵白を顔に塗り、手のひらでやさしくマッサージした後、ぬるま湯で洗い流します。

蒸気パック

蒸気の熱で、毛穴につまった皮脂がやわらかくなる上、血行がよくなるので毛穴も開き、汚れが落ちやすくなります。

1. 洗面器にお湯を張り、お湯に顔を近づけて 5 ～ 10 分ほど蒸気を顔にあてます。

頭にタオルをかけると、蒸気が逃げにくくなります。洗顔やクレンジング前に行なうと、より効果的です

クマ

血管の様子がわかりやすい
目の下は健康のバロメーター

目の下にできるクマ。目の下の皮膚は他の部分よりも薄いので、毛細血管の状態が表にあらわれやすくなっているのです。

クマの種類は色々ありますが、血行不良によって血流が滞り青く見えるクマ、むくみやたるみが原因で起こるクマ、シミやくすみが原因のクマと大きく3つに分けられます。

眼精疲労も血行不良を起こすので目の疲れをためないようにしましょうね
しょぼしょぼ

原因に合わせた改善法で
しつこいクマをすっきり解消

血行不良によるクマは、マッサージなどで血流を促すことが最善策。目のまわりだけでなく、顔や身体全体の血行をよくしましょう。また、睡眠不足やストレス、疲労などが原因でうっ血することがあるので、規則正しい生活をして、疲労をためないよう心がけること。

目の下の皮膚が加齢でたるみ、影になってしまっているクマは、たるみを解消するため、顔の筋肉を鍛えたりするのが効果的。むくみには、塩分を控えたりすることも重要です。

シミやくすみが原因のクマは、メラニン色素などが沈着しているので、美白成分が効果的です。

クマ取りマッサージ

目のまわりの老廃物の排出を促し、血のめぐりを改善します。血行不良やむくみによるクマに特に効果的です。

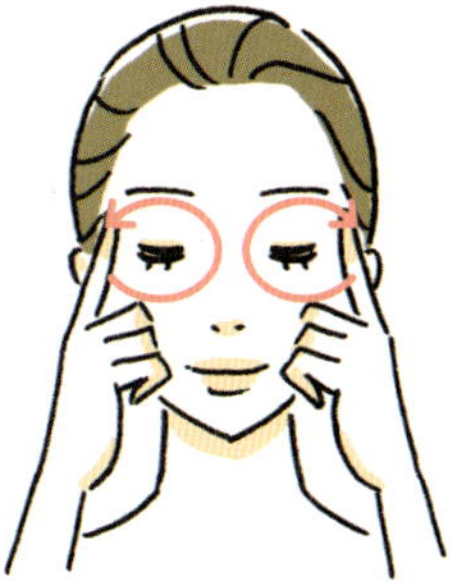

❶ 目の下側の目尻から鼻筋の方へ指をすべらし、目頭を通って上まぶたを目尻の方へマッサージします。これを２～３回繰り返します。

温冷タオルケア

温湿布（30p 参照）をアレンジ。温冷効果でさらに血行を促し、がんこなクマを解消します。

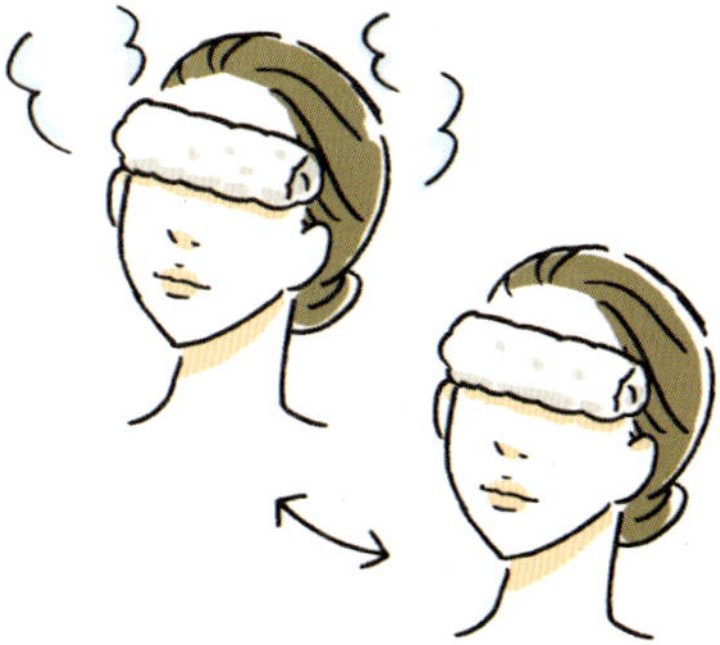

❶ タオルを２枚水で濡らして水気をしぼり、１枚はレンジで温めます。

❷ 温めたタオルと、水で濡らしたタオルを３～４回交互に目の上にのせます。

アンチエイジングに効くオイル

マッサージする時に、オイルを使用するとより効果的。オイルにはキャリアオイルと精油があります。キャリアオイルで精油を薄めて使用すると、成分が体内に吸収されやすくなります。精油は原液で使用すると肌を傷めることもあるので注意が必要です。

キャリアオイル

ヒッポファエ(サジー)

肌を紫外線から守り、皮膚の修復を促します。他のキャリアオイルに1割ほど混ぜて使用します。

ローズヒップ

ビタミンCが豊富でシミに効果的。また皮膚細胞の再生を促進させる効果があり、シワ予防にも。

ヘーゼルナッツ

人間の皮脂に含まれるオレイン酸が多く、保湿・収れん効果があります。紫外線を防止したり、皮膚を再生したりする作用も。

キャロット

β-カロテンが多く、皮膚の老化防止に役立ちます。肌のキメを整え、シミ・シワにも効果的。他のキャリアオイルとブレンドして使用します。

精 油

キャリアオイルに対し、1%未満加えて使用します

パルマローザ

皮膚細胞の成長を促し、ターンオーバーを活性化します。シワなどに効果的です。

キャロットシード

血行促進効果や、細胞の再生力を高める作用があり、シミに悩む人にぴったりのオイルです。

ゼラニウム

皮脂のバランスを整えるので、乾燥肌・オイリー肌どちらでも。また、ホルモンの分泌を調節する働きもあります。

フランキンセンス

肌を引き締め、ハリを与えます。シワやたるみを改善し、皮脂の分泌を調整します。

肌質や体調に合わせて
お好みのブレンドオイルを
見つけてね
今日はコレと
コレを
混ぜよ～

乾燥肌

ガサガサした乾燥肌は保湿を充分に行なうことでシワ予防にも

肌内部には、セラミドなどの保湿物質が元々備わっていて、この物質が水分をとらえて肌の潤いを保っています。しかし、加齢でセラミドなどが減少して水分を保持できなくなると、肌が乾燥してしまうことになります。

乾燥した肌は、ハリがなく手触りもガサガサ。そのまま放っておくと、細かいシワ、深いシワへと発展してしまいます。

乾燥肌を改善するには、セラミドやヒアルロン酸・コラーゲンなど保湿成分の含まれたスキンケア化粧品を使用することが重要です。また、肌が乾燥しないよう、周りの環境にも注意しましょう。

環境を整えて乾燥肌を予防

・冷暖房は必要以上に強くしない。
・加湿器をつけるなど、部屋の湿度に注意する。
・高い温度の湯に長時間つかるのは避ける。
・洗いすぎ、こすりすぎに注意する。

ハニーアボカドパック

保湿力の高いハチミツと、肌に潤いを与えるアボカドで、乾燥から肌を守ります。

材料 アボカド…大さじ1　ハチミツ…大さじ1

❶ アボカドは皮と種を取り除いて裏ごしし、ハチミツと混ぜ合わせます。

❷ 顔全体に①を塗り、5分ほどおいた後、水またはぬるま湯で洗い流します。

アボカドには、皮膚細胞の新陳代謝を促し、免疫を強化するスクワレンという物質が含まれています

ハニーリップケア

唇は他の皮膚よりも角質が薄いので、乾燥しがち。肌からの吸収率が高いハチミツは、保湿効果抜群です。

材料 ハチミツ…適量

❶ 唇にハチミツを塗り、ラップを密着させます。

❷ 5分ほどおき、ラップを外します。

ニキビ（オイリー肌）

油分を控えめにして しっかり保湿を行ないましょう

ニキビは、汚れなどでふさがった毛穴に皮脂がつまり、アクネ菌が繁殖して炎症を起こしている状態です。アクネ菌は油分を栄養にして増えるので、油分を控えたスキンケアを心がけます。

皮脂の分泌が多いオイリー肌の人は、ニキビもできやすいもの。丁寧な洗顔で、余分な皮脂を取り除くようにしましょう。そして、しっかり保湿を行なうこと。肌は、乾燥していると潤いを保とうとして、さらに皮脂を分泌してしまうからです。

背中ニキビ予防

背中にできるニキビを予防するには、背中に余分な皮脂を残さないことが肝心です。

・固形石けんを使う

身体を洗う際は、油分を含んでいるボディソープより固形石けんがベター。

・吸水性の高い下着を

汗はニキビの原因にもなるので、吸水性の高い下着を選ぶことも重要です。

・保湿ローションを塗る

保湿成分が配合されたローションで乾燥を防ぐと、ニキビ予防効果があります。

ヨーグルトパック

ヨーグルトには保湿効果や、炎症を抑える効果があります。ハチミツに殺菌作用もあるので、ニキビ予防にぴったりです。

材料 ヨーグルト・ハチミツ…各大さじ1　小麦粉…大さじ1～2

❶ ヨーグルトとハチミツを混ぜ合わせた後、小麦粉を加えて、たれにくい固さにします。

❷ 顔に塗り、10分ほどおいた後、ぬるま湯で洗い流します。

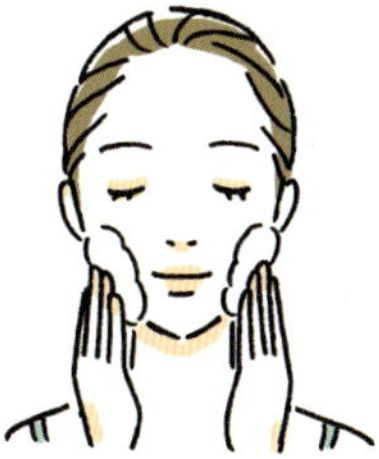

ヨーグルトにピーリング効果もあるので、くすみやシミ・シワなどの改善にも役立ちます

ニキビに効くツボ

合谷のツボは、肌の回復を早める効果があります。他にも、頭痛や肩こりなどさまざまな症状を改善します。

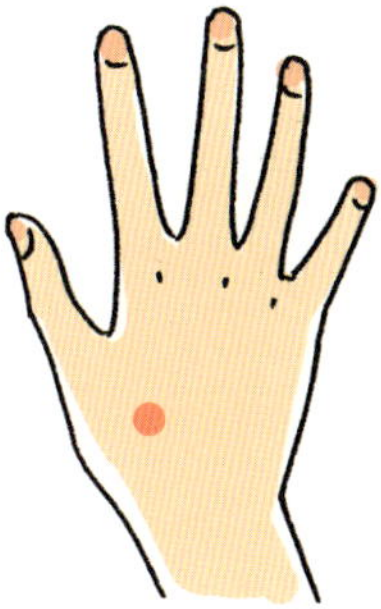

合谷（ごうこく）

親指と人差し指の骨が交わる手前の部分。手の甲を向け、もう片方の親指で合谷のツボを10回指圧します。

むくみ

加齢で代謝が悪くなると むくみやすい体になってしまう

むくみは代謝が悪かったり、アルコールや塩分を過剰に摂取したりすることで引き起こされます。加齢により代謝が悪くなると、むくみやすくなることもあります。

また、寝起きに顔がむくむのは、横になっている間に血液が顔にたまるから。起きれば時間の経過とともに治りますが、早くむくみを取りたい人は、マッサージなどを行ない、顔にたまった血液を体に戻しましょう。

寝起きの顔は別人よ！by杏奈
誰!?

むくみは血行不良のサイン たるみやシワになる前にケアを

また、むくみは冷えや運動不足などにより、全身の血流が悪いことでも起こります。血液の流れが滞っていると、肌の新陳代謝も悪くなり、たるみやシワなど、さまざまな肌の老化を進めてしまいます。むくみを見つけたら、すぐにケアするように心がけましょう。

むくみを放っておくと顔がたるむわよ
せっせ
カガミ

顔のむくみ取りストレッチ

寝起きなどに顔がむくんでいるようであれば、このストレッチが効果的。顔のむくみがとれれば、小顔効果も期待できます。

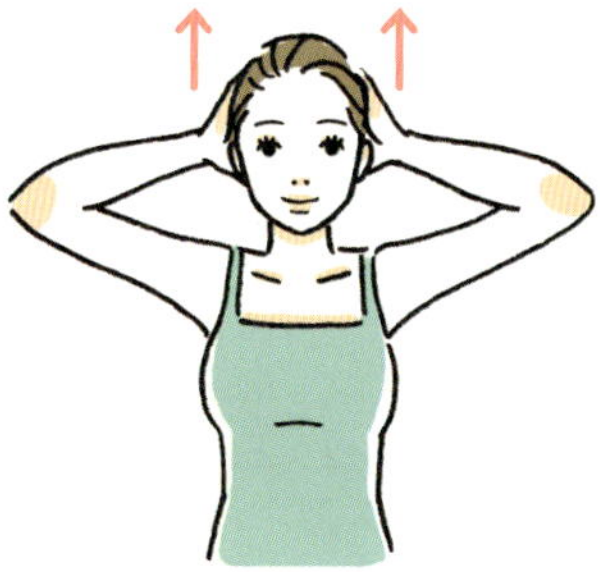

❶ うなじ中央のくぼみ部分から、左右それぞれ3㎝ほど外側の髪の生え際に両手の親指をあてます。

❷ 両手の残り４本の指を頭に添え、ゆっくり息を吐きながら頭蓋骨を持ち上げます。10秒間キープします。

むくみに効くツボ

大きな動作ができない時は、ツボ押しも便利です。オフィスなどでも行なうことができます。

太陽（たいよう）

こめかみの中央部分。中指をあてて、円を描くように指圧します。

たるみ

たるみの原因は肌内部のコラーゲンなどが減少すること

加齢により、エラスチンやコラーゲンといった、肌内部のハリを司る物質が減少すると、脂肪などを支えられなくなり、肌にたるみが生じます。

たるみが原因で、毛穴が開き、しずく型に広がることもあります。また、顔が老けて見える、口元の法令線や二重あごなども、肌のたるみによるものです。

二重あごが完全に消えますように…
むー…

たるみにはマッサージが効果的 顔に緊張感を持つことも大切

たるみを予防するには、日頃の表情にも注意が必要です。無表情だったり、ゆるんだ表情をしてばかりでは、顔の筋肉も衰え、たるみも進行してしまいます。顔に適度な緊張感を持って過ごすようにしましょう。

マッサージは、新陳代謝を高めて脂肪をつきにくくする上、肌の活性化も促すので、たるみ予防に効果があります。コラーゲン生成に必要な、ビタミンCが配合された化粧品なども有効です。

常にキメ顔
それ…疲れませんか？

法令線解消マッサージ

老けた印象になる法令線を、顔の筋肉に働きかけて解消します。続けるほどに、たるみが消え、法令線が目立たなくなってきます。

❶ 右手の人差し指を鼻の下に、中指を左の口角にあてます。

❷ 左手の人差し指と親指を広げ、人差し指を左の法令線にあてます。

❸ 右手を固定したまま、左手を顔に沿って斜め上に引き上げます。手をかえて左右3回ずつ行ないます。

息を吐きながら引き上げると効果的です

頬のたるみ解消マッサージ

脂肪のつきやすい頬。たるみが消えて頬が上がると、顔が立体的に見え、小顔効果もあります。ただし、マッサージを行なう際は、指先に力を入れすぎないように注意しましょう。

❶ 親指を除く４本の指を、頬骨の下にあてます。顔の内側に向かって円を描くようにマッサージします。これを５回行ないます。

❷ 口角の横でも５回マッサージします。

❸ あご先でも５回行ないます。

あご先をすっきりさせると、頬のたるみが目立ちにくくなる効果もあります

二重あご解消マッサージ

あご下は顔の中で一番脂肪の厚い場所。それを支えられなくなると、たるんで二重あごになります。あご下をほぐしてたるみを解消します。

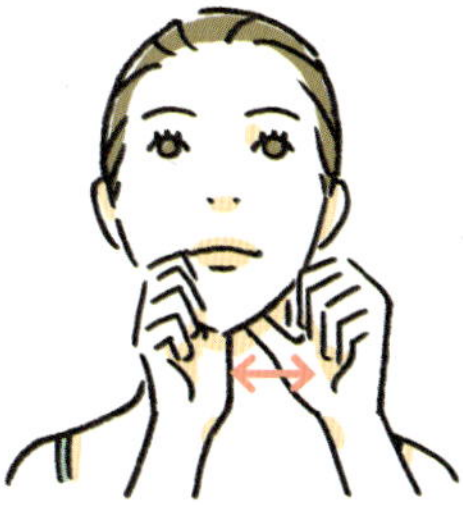

❶ あごの下に両手の親指の腹をあてます。あご下の筋肉を確認しましょう。

❷ 右手を固定し、左手の親指を左右に 10 回動かします。左手を固定して、右側も同様に行ないます。

首のたるみ解消ストレッチ

首は顔以上に年齢の出てしまう部分。首のたるみをケアしておけば、二重あごの予防にも役立ちます。また、保湿するのも効果的です。

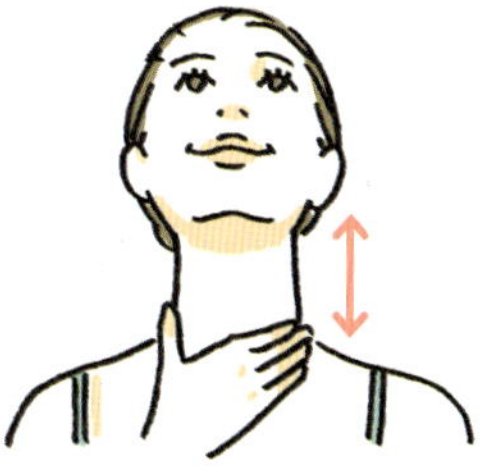

❶ 右手を鎖骨の上に置き、口を閉じたまま口角を引いて、きゅっと笑顔を作ります。

❷ そのままゆっくりとあごを上に向け、3 秒経ったら①の姿勢に戻ります。これを 10 回繰り返します。

第2章

食事

食事で身体の内側から若さを取り戻しましょう。
野菜やタンパク質などをバランスよく
摂ることが基本となります。

MEAL

今日は友達とケーキバイキングに来ています
おー
あっコレもおいしそー♡
ひょい
もり
もり
あ~太っちゃうけど幸せ~
ウマ~♡
夕飯抜けばいいよね~
私またもらってくるー
翌朝――
あっもうこんな時間
しまった~昨日夕飯も抜いてるからお腹空いた
きゅるるる
ぐ~~
ぐお~~
はい…ありがとうございます
やっとお昼だっ
ダッシュ
コンビニ

菓子パン
アンパン
390円
どーーーん
お昼はがっつりいっちゃお～♡
いただきまーす
ここいい？
先輩今からごはんですか？
そう打ち合わせズレこんじゃって
いつもはこの時間もう食べおわってるのに
いただきます
ぱかっ
わぁー先輩のお弁当キレイですね～
おいしそ～
黒ゴマ
卵焼き
ミニトマト
ベーコンのアスパラ巻き
ブロッコリー
毎朝手作り大変じゃないですか？
そんなことないわよ♪

前日夕飯の
ついでに
仕込んでおけば
朝焼いたりする
だけだから
カンタンよ
しょうゆたまご
作りおきおかず
夕飯の残りつめたりね
肉のつけおき
何より手作りなら
経済的だし——
…って
あら？
井上さん
また
ニキビ？
前髪でかくれてると思ってた
ばっ
うっ!!
ちゃんと
ケアしてるのに
すぐできちゃう
んです～
いろいろ原因あるけど
栄養が
偏ってるのも
ひとつの原因かもね
栄養？
そう
今日のごはんだと
脂肪と炭水化物が
多いわね
美肌には
ビタミンや
タンパク質が
必要なの
肉
たまご
MILK
特に
肌を作る
もととなる
タンパク質は
重要だよ!!

あと甘い物の摂りすぎはダメよ
ウフフ♡
!!
はっ
その顔は食べまくったわね？
ケ…ケーキバイキングを少々…
しかも、夜と朝ごはん抜いたの？
ちゃんと三食食べた方がいいわよ
ウフフありえないわね♡
お肌に悪いことばっかやってたんですね…
これから気をつければいいのよ
食事が変われば体の中からどんどんキレイになるわ
そっかー
スキンケアだけじゃダメなんだ…
後日――
クーポン
イエー焼肉
タンパク質摂るために焼き肉行きましょう!!!
ちょっと!! 先週も行ったわよ!?
もうおごらないわよアタシは!!
肉ばっかりに偏ってもダメだから

サビない食べ方

食べ方や食材を見直し サビない体になろう

だれでも歳とともに老化しますが、体を作る「食」を見直すことで、年齢を重ねても、ベスト・コンディションを保つことができます。ポイントは、食べ方や食材選びに気をつけるだけ。お金をかけずに、体に優しい、アンチエイジングな食生活をはじめましょう。

1 歯と同じ比率で食べる

人間の歯の構成から考えると、32本のうち肉を噛み切る犬歯は4本、野菜や豆、果物を砕く門歯は8本、あとの20本は穀物をすり潰す歯になります。この肉：野菜：穀物＝1：3：6の比率が生物として正しい食性になります。人間は本来、ほとんど植物性のものを食べるようにできていて、肉などの動物性のものはほんの少し食べればいいのです。

2 野菜→タンパク質→炭水化物に

消化吸収に最適な食べ方の順序は、西洋料理のフルコースだといわれています。まずは野菜で食物繊維を補給。温かいスープで体温を上げ、体内を活性化して消化吸収を促します。その後、脂っこいものや炭水化物を食べると、血糖値の上昇がゆるやかになり内臓へのダメージを抑えることができます。

3 ゆっくりよく噛んで食べる

よく噛んで食べることで、あごの力や顔の筋肉を保ち、フェイスラインを整えて、たるみを防ぐことができます。さらに、唾液の分泌を促進して、内臓での消化吸収を助けます。早食いは、満腹中枢を刺激せずに食べ過ぎてしまうので危険。食事にはゆっくり時間をかけて、よく噛んで、脳も内臓も満足するよう心がけましょう。

4 腹八分目を心がける

20歳をピークに基礎代謝量が減り、やせにくい体になります。肥満は成人病などの発症リスクを上げるもと。30歳を過ぎたら食事の量は腹八分目、40歳を過ぎたら腹七分目に留めるように心がけましょう。食べ過ぎないことがアンチエイジングな食習慣の基本です。

5 旬の日本食で地消地産を

昔の日本では玄米などの穀物を主食に、旬の野菜や豆、果物、魚や貝を豊富に食べていました。良質なタンパク質やビタミン、ミネラル、繊維質、発酵食品に満たされた日本人の暮らし。この食文化を大切に暮らしていけば、若々しい肌や髪はもちろん、心のアンチエイジングまで実現できるでしょう。

6 精製された食品を見直してみる

白い食べものは精製の過程で、大事なビタミンやミネラル、繊維を排除して、糖質だけにしてしまっているもの。できるだけ精製前のものを食べるように心がけましょう。ご飯なら白飯よりも玄米や雑穀入りのご飯。パンも食パンやフランスパンより、胚芽入りの黒っぽいパンを選んで。砂糖も白砂糖より、きび砂糖や黒砂糖を選ぶと、血液の酸性化や中性脂肪の増加を防いで、ニキビの炎症も抑えます。

7 添加物や農薬入食材は食べない

加工品に含まれる添加物は、体に入ると内臓に負担を掛け、分解する際に大量の酵素を使うので老化が早まります。できるだけ加工されていない原物に近いものを選びましょう。また、野菜や果物の農薬や抗生物質の含有量は価格と比例するといわれます。安すぎるものには注意しましょう。

アンチエイジング

5大栄養素のバランスを考えた食生活を！

高級化粧品やサプリメントを使わなくても、食生活を変えることで健康的で若々しい体はつくれます。まず大切なことは、タンパク質、脂質、糖質、ビタミン、ミネラルの5大栄養素をバランスよく摂ること。質のいい食生活を続けて、体の中から若返りましょう。

低脂肪のタンパク質 —手羽先

鶏肉はアミノ酸スコアが高く効率よく体に吸収されます。コラーゲンが豊富な手羽先は美肌効果も抜群。

その他の食材　豚ヒレ肉、鶏肉、羊肉、馬肉、牛肉、魚、納豆、豆腐、アボカド他

低GIの糖質 —ライ麦パン

血糖値の上昇がゆるやかで、膵臓にやさしく糖尿病や肥満を予防。ライ麦パンの食物繊維は食パンの2倍。良質なタンパク質も含みます。

その他の食材　玄米、麦ご飯、胚芽パン、黒砂糖、きび砂糖他

植物性の脂質 —オリーブオイル

植物油は脂肪を流し、血を汚さず巡ります。オリーブオイルは地中海沿岸で不老不死の秘薬として有名。

その他の食材　紅花油、亜麻仁油他

食物繊維 —エリンギ

腸内の脂肪やコレステロールを吸着して肝臓の脂肪沈着を抑えます。エリンギは、日持ちがよく、煮崩れず、加熱しても効能が失われません。

その他の食材　シイタケ、えのき、しめじ、カニ、エビ、キャベツ、大根、ニンジン他

ビタミンC｜キャベツ

優れた抗酸化力を持っていますが、熱に弱く壊れやすいので生食を。油分の多い肉や魚と食べ合わせると胃もたれやむかつきを抑制します。

その他の食材
イチゴ、キウイ、みかん、パセリ、小松菜、ピーマン他

ビタミンA｜ウナギ

皮膚の代謝を高めて美肌にしたり、内臓や口、目など粘膜の保護力を高めます。ウナギは、油と一緒に摂ると体内への吸収が高まります。

その他の食材
レバー、チーズ、卵、ニンジン、パセリ、小松菜、ほうれん草、ニラ他

ビタミンB群｜卵

卵はビタミンB2の他ビタミンEも豊富で、エネルギーの代謝を活発にして疲れをとり、細胞の新陳代謝を高めて肌や髪の健康を維持します。

その他の食材
胚芽米、ウナギ、納豆、バナナ、レバー、牛乳、マグロ、小松菜他

ビタミンE｜イクラ

抗酸化力に優れ、血管をきれいにして血行を促進します。イクラは塩分が多いので、塩分を排出するカリウムを含む食品との併食が○。

その他の食材
アーモンド、落花生、ひまわり油、紅花油、かぼちゃ、ほうれん草他

活性酸素による影響

人間は酸素を体内に取り入れて活動のエネルギーに変換しています。その一部は活性酸素となり、ウイルスなどを退治しますが、増えすぎると細胞や遺伝子を傷つけることもあります。

増えすぎた活性酸素が細胞を酸化させ、シワやシミを生み出すのです。活性酸素を抑える抗酸化作用の高い食品を摂り、体の酸化を食い止めましょう。

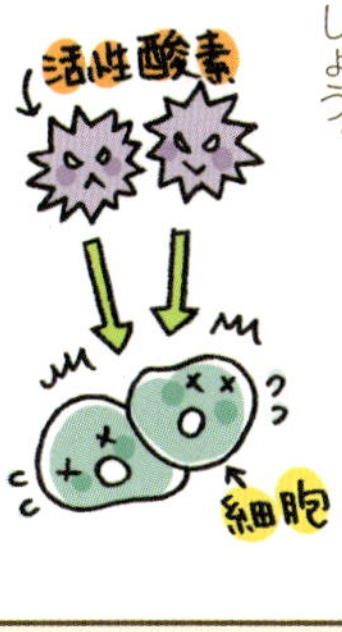

低カロリーのピリ辛手羽先

鶏肉に黒こしょうや唐辛子を合わせると、ビタミンやミネラルが補給されて、体を温めて消化を助けるので、新陳代謝がよくなります。

材料　手羽先…4本　オリーブオイル…小さじ1　塩…少々
日本酒…大さじ2　黒こしょう…適量
A【しょうゆ…大さじ2　みりん…大さじ2　日本酒…大さじ1】

作り方

1. フライパンにオリーブオイルを敷き、塩を振った手羽先を入れて、表面に焼色がつくまで炒めます。
2. フライパンに日本酒を加えて蒸し焼きにします。手羽先に火が通ったらフライパンにAを入れて煮詰めます。
3. 汁が無くなったら皿に盛り、黒こしょうを振ったらできあがり。

うなぎとニラの卵焼き

ウナギはビタミンAがたっぷり。また、ニラの硫化アリルは体内でウナギのビタミンB_1の吸収を助けます。食欲不振の改善にも効果があります。

材料　ウナギの蒲焼き…1/2尾　ニラ…4本　卵…1個
A【しょうゆ…小さじ1　だし汁…100㎖】

作り方

1. ウナギとニラを3cmの長さに切ります。
2. フライパンにAを煮立てて、①を入れて煮ます。
3. 卵をといて、回し入れて完成。

牛肉とエリンギの青椒肉絲《チンジャオロース》

エリンギが牛肉の脂身の吸収を抑えて、腸内のコレステロールの蓄積を防ぐので、脂肪肝の予防にもなります。

材料 牛もも肉…100g　エリンギ…2本　ピーマン…2個
ごま油…小さじ1
A【ごま油…大さじ1/2　しょうゆ…小さじ1　こしょう…少々】

作り方
1. 牛肉、エリンギ、ピーマンは細切りにします。
2. フライパンにごま油を入れて、①を牛肉から順にしんなりするまで炒めます。
3. フライパンにAを入れて、炒め合わせれば完成です。

効果的な調理法や注意点

・水溶性ビタミンを含む野菜
サッと洗って生食が効果的。水にさらしすぎるとビタミンが溶け出してしまうので注意。

・脂溶性ビタミンを含む食材
油で炒めたり、とろみをつけて吸収をよくします。油は植物油を少なめに使って。

・魚の油
刺身や煮物、煮こごりにして食べて。しょうゆやみそで煮る時は、塩分を控えたうす味に。

・二度揚げ、二度焼き、二度チン禁止
何度も過熱すると食品に含まれる油が変質して体にダメージを与えます。焦げ目も注意。

・塩分を控えてダシで薄味に
塩分を控えるため、カツオ、昆布、シイタケなどの食材の旨味を借りた調理で工夫を。

シミ

抗酸化ビタミンでメラニン沈着を抑える

シミの予防にはメラニン色素の沈着を抑える抗酸化ビタミン（β-カロテン・ビタミンC・E）が有効です。特にビタミンCは、できたメラニン色素を還元してシミを薄くする効果もあります。紫外線が強くなる3月からは、積極的に補給しましょう。リコピンは肌を老化させる活性酸素を無害化するので、シミができるのを抑えてくれます。

β-カロテン｜シソ

紫外線による肌老化に効果があるので夏は多めに摂取を。優れた抗酸化作用を持ち、10時間後に力を発揮するので、夕食時に摂るのが効果的。

その他の食材　モロヘイヤ、ニンジン、パセリ、バジル、ほうれん草、かぼちゃ他

ビタミンC｜ブロッコリー

線維芽細胞の働きを高め、コラーゲンを生成してメラニン色素を無色化します。寒冷でビタミンCの消費量が高まるので、冬は多めに摂って。

その他の食材　ピーマン、ゆず、パセリ、レモン、ゴーヤ、柿、キウイ他

ビタミンE｜イクラ

冬の寒さによる肌乾燥を防ぎます。皮膚の新陳代謝を高め、ターンオーバーを促進。肉や魚の脂肪と一緒に食べると吸収率が高まります。

その他の食材　アユ、イワシ、タラコ、モロヘイヤ、ウナギ、かぼちゃ、タイ他

リコピン｜トマト

脂溶性の赤色の色素で、シミの原因になるチロシナーゼの働きを抑制します。油と一緒に摂ると高水準で吸収されるので、油料理がおすすめ。

その他の食材　ミニトマト、ニンジン、ピンクグレープフルーツ、ほうれん草他

ブロッコリーの玉子サラダ

シミ予防に効果のあるビタミンCを含むブロッコリーと良質のタンパク質を含む卵は相性がよく、肌によいコラーゲンを作ります。

材料 ブロッコリー…1/2株　卵…1個
マヨネーズ…大さじ1　塩・こしょう…各少々

作り方

❶ ブロッコリーは小房に分けて、サッとゆでます。

❷ 卵はゆでて細かく刻みマヨネーズと和えます。

❸ ①②を混ぜて、塩、こしょうで完成。

カンタンな
料理から

フレッシュトマトのサラダ

オリーブオイルのオレイン酸は酸化しにくく、抗酸化作用の強いトマトと一緒に摂れば、リコピンの吸収率を高められます。

材料 トマト…2個　タマネギ…1/2個
A【オリーブオイル…大さじ2　塩・こしょう…各少々】

作り方

❶ トマトは湯むきして、くし形に切ります。

❷ タマネギはみじん切りにして水にさらします。

❸ Aをよく混ぜ合わせ、②を加えて、よく冷やしたトマトと和えます。

油と一緒だとリコピンの吸収がよくなるわよ♡

シワ

コラーゲン生成を助け 肌のハリとツヤを保つ

シワには、肌老化の原因となる活性酸素を除去する抗酸化物質を摂りましょう。β‐カロテン・ビタミンC・Eは、抗酸化力に優れているので、まとめて摂れば相乗効果が期待できます。特にコラーゲンの生成を促して肌を再生するビタミンCは、積極的に補給して。ビタミンCは体内に蓄えられないので、こまめに摂取を。タンパク質やエラスチン、セラミドもツヤとハリを高めて肌を若返らせます。

ビタミンC｜ゆず

ゆずは柑橘類の中でもビタミンCの含有量がトップクラス。皮膚の再生を助けて肌のハリや弾力を復活させます。生食が最も効果的です。

その他の食材　ピーマン、れんこん、レモン、ゴーヤ、柿、キウイ他

タンパク質｜しらす

しらすは皮膚のバリア機能を高め肌にハリを出します。塩分を抑えるなら野菜や海藻と食べて。体に溜まるので、食後4時間は寝ないように。

その他の食材　イワシ、イクラ、牛肉、タラコ、アジ、アユ、マグロ、カツオ他

エラスチン｜高野豆腐

高野豆腐は肌に柔軟性やハリを与えるエラスチンが豊富。20代後半から減少して肌トラブルの原因に！睡眠中に再生するので、夜間に摂って。

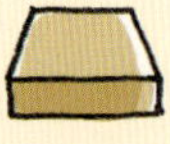

その他の食材　魚、軟骨、牛スジ肉、手羽先他

セラミド｜こんにゃく

肌の表面にバリアを作り、紫外線などの外敵から肌を守り、肌の潤いを保ちます。特に生芋こんにゃくの含有量は、食品の中でもダントツ。

その他の食材　生芋こんにゃく、米、大豆、小麦、ほうれん草他

高野豆腐の卵とじ

高野豆腐に含まれるアルギニンの老化防止効果を最大限に活かすには、ビタミン B6 を含む卵が必要です。卵は火を通せば吸収が高まります。

材料 高野豆腐…2枚　卵…2個　さやえんどう…4枚
めんつゆ…適量

作り方

❶ 高野豆腐はぬるま湯でもどしてひと口大に切ります。

❷ さやえんどうは筋を取ってゆで、斜め半分に切ります。

❸ 鍋に①とめんつゆを入れて沸騰したら、溶き卵をまわしかけます。

❹ ひと煮立ちしたら器に盛り②を添えます。

こんにゃくとレンコンのきんぴら

こんにゃくは水気を含む脂質のセラミドが豊富で、乾燥によるシワを防ぎます。れんこんはビタミン C が細胞の老化を防ぎます。

材料 れんこん…100g　こんにゃく…1/2枚　ごま油…小さじ2
めんつゆ…大さじ1　白煎りごま…小さじ1

作り方

❶ れんこんは皮をむいてひと口大に切り、水にさらします。

❷ こんにゃくは熱湯をかけて臭みを取って、ひと口大に手でちぎります。

❸ フライパンでこんにゃくを空煎りしたら、ごま油・①とめんつゆを入れて炒め、ごまを散らします。

くすみ

代謝や血行促進の食材で顔色のよいツヤ肌に

くすみの原因は代謝、老化、乾燥、紫外線、血行不良などさまざま。新陳代謝やターンオーバーの低下が原因のくすみには、代謝を助けるビタミンEや良質なタンパク質が効果的。また、乾燥や紫外線から起こるくすみには、肌の潤いを保つビタミンAが効きます。そして、血行不良が原因のくすみは、血行を促すビタミンEや鉄分が有効です。

ビタミンA｜ひじき

ひじきは皮膚や粘膜を正常に保ち、雑菌から守ります。不足すると肌がカサカサに。脂溶性ビタミンなので、油と摂ると吸収が高まります。

その他の食材
アナゴ、アユ、ウナギ、ウニ、小松菜、シソ、春菊他

ビタミンE｜ウナギ

ウナギは成長ホルモンを活発にし、皮膚のターンオーバーを促進。顔の血行も改善します。山椒をかければ、抗酸化作用が高まります。

その他の食材
イクラ、アユ、イワシ、タラコ、モロヘイヤ、かぼちゃ、タイ他

鉄分｜レバー

レバーは脂質が少なく、低カロリー。不足すると体に酸素が行き渡らず、肌がくすんできます。ビタミンCやタンパク質と摂ると効果的。

その他の食材
パセリ、ハマグリ、牛肉、みそ、卵黄、アユ、シジミ、鶏肉他

タンパク質｜イワシ

イワシのタンパク質は肌に弾力を与えてみずみずしさを保ちます。皮に栄養が含まれます。また、血行不良による顔のくすみも改善します。

その他の食材
しらす、イクラ、牛肉、タラコ、アジ、アユ、マグロ、カツオ他

レバーのかぼちゃ煮

女性は毎月の生理で鉄分が多く失われるので、男性よりもくすみがち。体の中で鉄が順調に働くためには、カボチャのビタミンCが必要です。

材料 かぼちゃ…1/4 個　鶏レバー…150g
A【だし…150㎖　砂糖…大さじ 1　しょうゆ…小さじ 1　塩…少々】

作り方

1. かぼちゃは種とわたを取って、ひと口大に切ります。
2. 鶏レバーは水で洗って血抜きします。
3. 鍋に②と A を入れて 3 分煮て、①を加えて落としぶたをして 5 分煮ます。

いわしの梅干し煮

梅干しに含まれるクエン酸は、イワシのタンパク質をはじめ、カルシウムや鉄分の吸収を促進します。梅干しは煮ると吸収が高まります。

材料 イワシ…5 匹　梅干し…2 つ　ショウガ…1 片
A【しょうゆ…50㎖　水…100㎖
酒…50㎖　ハチミツ…小さじ 2】

作り方

1. イワシの頭とはらわたを取り除きます。酒（分量外）をふりかけて、臭みをとります。
2. 鍋に A を入れて沸騰したら、梅干しと千切りにしたショウガと①を加えます。
3. アルミホイルでふたをして弱火で 15 分煮れば、完成です。

毛穴

皮脂分泌を抑える ビタミン類が効く

カロリーオーバーになると、皮脂が余分に分泌されて、毛穴詰まりの原因になります。油毛穴を予防するには、皮脂分泌を抑える栄養素を摂るのがポイント。炭水化物の代謝を助けるビタミンB_1は、過剰な皮脂分泌を予防します。また、皮脂分泌をコントロールするにはビタミンB_2が有効です。

ビタミンB_1 | 生ハム

ビタミンB_1は、水に溶けやすく熱に弱いので、生で食べると効果的です。余分な皮脂の分泌を抑え、肌の弾力を増して自律神経を鎮めます。

その他の食材

豚肉、焼豚、タラコ、ウナギ、ベーコン、コイ、牛肉、イクラ他

ビタミンB_2 | 鶏肉

ビタミンB_2は皮膚科医が肌荒れの治療に必ず処方する治療薬のひとつ。鶏肉はB_2が牛や豚の10倍含まれ、消化吸収率が高い上に低脂肪です。

その他の食材

レバー、豚肉、牛肉、ウナギ、うずら卵、魚肉ソーセージ、サバ他

ビタミンB_6 | ニンニク

脂質の代謝をサポートして、脂肪が蓄積するのを防ぎます。お酒をよく飲む人には特に効果的。また、セロリや大根との食べ合わせは精神を鎮めます。

その他の食材

マグロ、酒粕、牛肉、カツオ、イワシ、鶏肉、サケ他

ビタミンC | ピーマン

ピーマンは果肉が厚いので、熱に弱いビタミンCの損失が少なくて済みます。毛穴を引き締め、黒ずみも薄く目立たないように導きます。

その他の食材

ブロッコリー、ゆず、レモン、ゴーヤ、柿、キウイ他

鶏ササミのオーブン焼き

毛穴を内側から引き締めるには、肌に潤いを与える鶏肉が効果的です。皮膚の細胞の再生を促すアスパラと一緒に食べれば相乗効果に。

材料 鶏ササミ…2本　アスパラ…4本
A【マヨネーズ…大さじ1　みそ…小さじ1　みりん…小さじ1】

作り方

❶ 鶏ササミは筋を取って中央を斜めに切ります。

❷ アスパラは根元の皮をむいて、適当な大きさに切ります。

❸ 皿に①と②を並べてAをかけて、電子レンジで4分加熱して完成です。

ピーマンのサッと煮

毛穴の悩みにはビタミンCとルチンを豊富に含むピーマンが最適。毛穴の開きや黒ずみ防止の他、シミ・美白、毛細血管強化効果もあり。

材料 ピーマン…4個　サラダ油…小さじ2
A【しょうゆ…大さじ1　みりん…大さじ1
酒…大さじ1　だし…50mℓ】　かつお節…少々

作り方

❶ ピーマンは4等分に切ります。鍋に油を熱して、ピーマンに軽く焦げ目がつくまで炒めます。

❷ 鍋にAを回し入れて、ピーマンがしんなりするまで約3分煮ます。

❸ 皿に盛ったらかつお節をかけましょう。

クマ

クマの症状によって摂る栄養素をかえて

クマの予防には、血液をサラサラにする葉酸が効果的。また、鉄分を摂ることで血液中のヘモグロビンが血行を促してクマを緩和します。茶色のクマには、メラニンの生成を抑えるビタミンCが威力を発揮。1日数回に分けて補給することで効能が高まります。むくみによるクマは、塩分を控えて、小豆やはと麦を摂ることで改善します。

鉄分｜アサリ

鉄分を補給すれば、血行がよくなり、目の下の青黒い色が緩和されます。アサリは煮込んでも栄養が損なわれず、おいしく食べられます。

その他の食材

レバー、パセリ、牛肉、みそ、卵黄、アユ、シジミ、鶏肉、アスパラ他

葉酸｜アスパラ

アスパラは、葉物と比べて調理による栄養損失が少ない野菜。吸収をよくするには油と一緒に食べると○。血流を促して血色をよくします。

その他の食材

のり、レバー、菜の花、枝豆、ルッコラ、キャベツ、ほうれん草他

ルテイン｜ほうれん草

ほうれん草は野菜や豆類と比べてもルテインの含有率はトップ。酸化が原因となるあらゆる目のトラブルを予防します。油料理が効果的です。

その他の食材

ブロッコリー、レタス、グリーンピース、カボチャ他

ビタミンC｜レモン

レモンのビタミンCを効果的に摂るなら生食が一番。肌のコラーゲン生成を助け、目の下にできる影が原因のクマを内側から持ち上げます。

その他の食材

ピーマン、ブロッコリー、ゆず、ゴーヤ、柿、キウイ他

あさりの佃煮

血流を改善する鉄分が含まれるアサリは、クマの予防に効果があり、煮込むことで鉄分の含有量が増加します。

材料 アサリ…150ｇ
A【しょうゆ…大さじ３　砂糖・みりん・酒…各小さじ３
アサリのゆで汁…100㎖　ショウガ…１片（みじん切り）】

作り方
1. アサリはよく洗い、水からゆでます。アサリの口が開いたら、ざるにあげて身をはずします。
2. 鍋に①とＡを入れて中火から弱火で汁気がなくなるまで煮ます。

クマに効く
アサリの佃煮よ♡
わーい

ラッシーレモン味

年齢が上がるほどに増える茶褐色のクマには、メラニンの色素生成を抑えるレモンを摂取して。

材料 牛乳…200㎖　レモン汁…大さじ３
ハチミツ…大さじ２

作り方
1. ボウルにすべての材料を入れて、泡立て器でよく混ぜればできあがりです。

レモンの輪切りを
添えてもいいわね♪

乾燥肌

タンパク質・ビタミンで みずみずしく潤う肌に

肌の細胞質の主成分であるタンパク質は、肌にツヤを生み出します。また、ビタミンAは、肌にハリを与えます。ビタミンCは、数時間で体外に排出される性質があるので、食事のたびに摂ることが大切。保水・新陳代謝を促進させるコラーゲンはビタミンCと同時に摂ると吸収率が高まります。

タンパク質｜牛肉

冬の乾燥肌は皮膚の温度低下でタンパク質の働きが悪くなることが要因。牛肉はこしょうの辛味成分と一緒に摂ると血流量がアップします。

その他の食材
イワシ、イクラ、タラコ、アジ、アユ、マグロ、カツオ他

ビタミンA｜小松菜

汗腺や皮脂の働きを活発にする肌の潤いに必須のビタミン。小松菜には豊富に含まれ、1/3束で1日に必要な量が摂れます。炒め料理が○。

その他の食材
アナゴ、アユ、ウナギ、ウニ、ひじき、シソ、春菊他

コラーゲン｜鶏皮

皮膚の弾力やみずみずしさを保ち肌に潤いを与えるコラーゲン。鶏皮は加熱したり、酸やアルカリで調理すると消化しやすくなります。

その他の食材
ウナギ、豚足、サザエ、カレイ、手羽先、牛スジ肉、ゼラチン他

ビタミンC｜キウイ

キウイは肌を丈夫にして潤いを保つ果物。ビタミンCの他にビタミンEも含まれるため、新陳代謝も活性化して、美肌に導きます。

その他の食材
ピーマン、ブロッコリー、ゆず、ゴーヤ、柿、レモン他

キウイジュース

キウイは果物の中でもビタミンC含有量はダントツ。ビタミンEも含み、相乗効果でより強力な抗酸化作用が期待されます。

材料 キウイ…1個
水…250ml
ハチミツ…大さじ1

作り方
❶ キウイは皮をむいて固い芯を取り除き、4つ切りにします。

❷ ミキサーに材料の全てを入れて、混ぜ合わせます。

鶏皮せんべい

鶏肉の皮には大量のコラーゲン、ヒアルロン酸が含まれ美肌に最適。優れた保水性で肌を乾燥から守ります。

材料 鶏皮…200g　塩・こしょう…各少々

作り方
❶ 鶏皮は中火の油で素揚げにします。カリカリになったら油をきります。

❷ 皿に広げてから塩とこしょうをかけましょう。

ニキビ

ビタミン類や食物繊維が皮脂の分泌を抑える

ニキビは毛穴がふさがれた角化異常が発生することで起こります。ニキビの予防には皮脂の分泌を抑えるビタミンB_1とB_2が有効。さらに、ビタミンEも血流を改善するので、角化異常や色素沈着を防ぎます。また、ニキビの原因になる便秘予防も重要です。食事では、便秘にならないように食物繊維をたっぷり摂るように気をつけましょう。

ビタミンB_2｜うずら卵

うずら卵は血管の強化や脂質・糖分の代謝の促進に役立ちます。コレステロール値が低いので、脂っこいものを食べた日にどうぞ。

その他の食材：レバー、豚肉、牛肉、ウナギ、魚肉ソーセージ、サバ他

ビタミンB_1｜焼き豚

皮脂の量を抑えてニキビを防ぎます。水に溶けず熱に強いため、調理による損失が少ないのが特徴。ネギと一緒に摂れば吸収が高まります。

その他の食材：豚肉、タラコ、ウナギ、ベーコン、コイ、牛肉、イクラ他

ビタミンE｜タラコ

タラコは、炎症を起こす原因の活性酸素や過酸化脂質を分解。血行を促進して代謝をアップさせます。塩分が多いので食べ過ぎに注意。

その他の食材：アユ、イワシ、モロヘイヤ、ウナギ、かぼちゃ、タイ他

食物繊維｜小豆

小豆は強い解毒作用があり、食物繊維も豊富。ビタミンやアミノ酸のバランスを考えて摂取するなら、米と調理する赤飯やおかゆがベスト。

その他の食材：いんげん豆、ひよこ豆、おから、シソ、よもぎ、えんどう豆他

簡単！焼き豚

調理でショウガ、ニンニク、ネギを加える事で、ショウガオール、ジンゲロール、アリシンの栄養成分も摂取できて肌荒れを予防します。

材料 豚かたまり肉…500g　ネギ…1/2本　ショウガ…1片
ニンニク…1片　しょうゆ…100mℓ　砂糖…大さじ3
酒…大さじ3

作り方
1. 肉以外のすべての材料を細かく刻み、肉と一緒にビニール袋に入れ冷蔵庫で半日おきます。
2. 肉をフライパンで焼いて焦げ目をつけたら、電子レンジで5分温めて完成。

小豆がゆ

水の量を調整すれば、好みの汁加減になります。

材料 小豆…50mℓ　米…200mℓ
水…600mℓ　塩…少々

作り方
1. 小豆はたっぷりの水（分量外）に1晩つけておきます。
2. 翌日、水を切った小豆と材料を全て入れ、炊飯器で炊きます。

たらこポテト

皮脂が多いとニキビの原因に。マヨネーズは控えめに！

材料 じゃがいも…1個
タラコ…1腹
マヨネーズ…適量

作り方
1. じゃがいもは皮をむいてからゆでます。
2. タラコと①を混ぜて、マヨネーズを少し加えたら完成です。

むくみ

減塩料理を心がけて デトックス食材を選ぶ

むくみやすい人は夕食を控えめに、体を温める食材を食べて、塩分を抑えましょう。カリウムを摂れば、利尿作用で余分な水分や塩分を除く効果があります。その他、タンパク質や鉄分不足のために血中濃度を一定に保とうとして、むくみが起こることも。サポニンには、顕著な利尿作用があることは、昔から知られます。便通もよくなり、内臓のむくみも薄らぎます。

カリウム｜アボカド

むくみにはカリウムの利尿作用が効きます。特にアボカドは体の水分代謝を活発にして体調を整えながら、利尿や便通を促してむくみを解消します。

その他の食材　パセリ、みそ、昆布、納豆、ほうれん草、山芋、ぎんなん他

タンパク質｜アジ

アジは、脂質が少なめでコレステロール値の低下や血栓の予防効果もあります。むくみ予防には、素材の味を生かした薄味の料理を心がけて。

その他の食材　イワシ、イクラ、牛肉、タラコ、アユ、マグロ、カツオ他

鉄分｜シジミ

鉄は赤血球の生成促進作用があり、血流の悪さによるむくみに効きます。シジミは、生きたまま冷凍して食べるのが栄養を保つコツです。

その他の食材　パセリ、ハマグリ、牛肉、みそ、卵黄、アユ、鶏肉他

サポニン｜小豆

脚気からのむくみは、小豆を煮て、ご飯がわりに食べると効果的。塩分がむくみにつながるので、味つけは薄めに。皮膚に湿布しても効果的。

その他の食材　こんにゃく、おから、納豆、大豆、みそ、豆腐、黒豆、マカ他

マグロとアボカドのわさびしょうゆ和え

アボカドは、古くから森のバターと呼ばれるほど栄養価の高い食材。アボカドに含まれるビタミンEも血行を促し、むくみを改善します。

材料 アボカド…1個　レモン汁…大さじ1
マグロ（刺身用ぶつ切り）…300g
A【しょうゆ…大さじ2　わさび…少々
シソ…少々】

作り方
❶ アボカドは皮と種を取り除き、ひと口大に切って、レモン汁をまぶします。

❷ ボールにAを入れて混ぜます。その中にアボカドとマグロを入れて和えれば完成です。

しじみのあったかスープ

デスクワークは血液の流れが悪くなり下半身がむくみやすいもの。シジミは生きた状態で24時間冷凍すれば有効成分が8倍になります。

材料 冷凍シジミ…200g　しめじ…1袋　ネギ…適量
A【水…400mℓ　酒…大さじ1　みりん…小さじ1
塩・こしょう…各少々】

作り方
❶ シジミは半日水につけて砂出ししてから冷凍します。

❷ 鍋にAを入れて煮立ったら、ほぐしたしめじ、シジミを入れます。シジミの口が開いたら、刻んだネギをちらします。

たるみ

噛みごたえのある食品
ハリ・弾力効果の食材を

たるみはシワと同じで、加齢によるコラーゲンや筋肉の低下が主な原因。抗酸化力の高い食品を摂って予防しましょう。イソフラボンやビタミン類もたるみ解消に効果的です。また、やわらかい食べ物が多く、噛む回数や力が必要とされなくなったこともたるみの原因。日頃から、食物繊維や固く歯ごたえのある肉類など、噛む回数が増える食材を積極的に摂りましょう。

イソフラボン｜納豆

大豆より大豆加工品から摂取すると体内吸収率がよくなります。納豆なら1日1パックが理想的。ビタミンEと一緒に摂ることで効果倍増。

その他の食材：豆腐、厚揚げ、豆乳、きな粉、みそ、油揚げ、大豆、黒豆他

コラーゲン｜砂肝

細胞と細胞を結びつける接着剤の役目をするコラーゲン。肌を保湿して弾力を出します。砂肝など歯ごたえのあるものは顔の引き締めにも○。

その他の食材：ウナギ、鶏皮、豚足、サザエ、カレイ、手羽先、牛スジ、魚の皮他

食物繊維｜麦

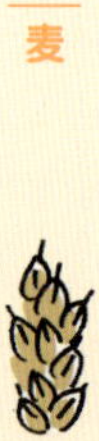

水溶性食物繊維で腸をきれいにすることで、コラーゲンやヒアルロン酸の吸収が高まります。麦は栄養吸収率が高い夜に摂るのがおすすめ。

その他の食材：いんげん豆、小豆、ひよこ豆、おから、シソ、よもぎ、大豆他

シリカ｜ホタテ

コラーゲン生成に欠かせない天然ミネラル。不足すると皮膚のたるみや爪割れ、枝毛が。ホタテは脂肪量が少なく代謝を高めるので美容に最適です。

その他の食材：豆類、ほうれん草、ニンジン、玄米、ショウガ他

ホタテのバター焼き

ホタテはビタミンCも豊富で紫外線から肌を守ります。抗酸化作用もあり、コラーゲンがダメージを受けるのを食い止めます。

材料 ホタテ…8個　バター…大さじ2
塩・こしょう…各少々　季節のゆで野菜…適量

作り方
❶ 弱火で温めたフライパンにバターを入れます。

❷ バターが溶け始めたらホタテを入れて、強火で焼き上げます。塩・こしょうで味を調えて。

❸ ゆでた季節の野菜を添えて盛りつけます。

砂肝のネギ焼き

コラーゲンを多く含む砂肝は、肌にツヤやハリを取り戻させるだけでなく、髪や骨や血管の弾力も上げます。

材料 砂肝…1パック　ニンニク…1片
A【ネギ…1本　ごま…大さじ1　ごま油…大さじ1
塩・こしょう…各少々】　レモン…少々

作り方
❶ 砂肝を薄切りにして、ゆでます。

❷ フライパンにごま油（分量外）とニンニクを入れ、ニンニクの香りが立ってきたら①とAを入れて炒めます。

❸ レモンを絞ればできあがりです。

カンパーイ♪
皆で会うの久しぶりだねー
ねー
休み合わないもんねー
もう半年…一年ぶりぐらい？
やっぱ一番変わったのは…
うん
清子だよねー
えっ？そう？
ホントやせたよね？
いやー
体重はそんなに変わってないんだけどねー
エヘヘ
会社にすごいキレイな先輩がいてマッサージの仕方教えてもらったんだ～
ほほ
えー私も教えてほしい～
ミラクル48

・・・あっ
つきだしがブロッコリーのおかかあえだ
わ〜い
?
パクッ
清子ブロッコリー好きだっけ?
ブロッコリーはビタミンCが多くてシミとかに効くんだよ
私たちにピッタリよ♪
わ〜食べる食べる
体内でコラーゲンを生成する時にビタミンCが必要なのです。
ーってこの辺も先輩の受け売りなんだけどね
えーいい先輩じゃん!!
他はっ、他は?
そーだなあ
パラ…
メニュー
うーんあとは何だろ?
あっ砂肝くださ〜い
え〜〜
ハーイ

なんで砂肝～？
やだーやだー
だまらっしゃい。
砂肝はかみごたえがあるからあごのたるみ防止になるし
コラーゲンも含まれてるから肌にいいんだよ
コラーゲンに異常に反応する年頃
！
じゃあたべるっ
キラーン
おまたせしました～
コト…
あっイケる!!!
かもっ
ばくばく
あんたっあんなにイヤがってたのに
若返りたい気持ちが勝ったのね
サバのみそ煮頼んでもいい？
メニュー
いいねー♪EPAとか多くて血のめぐりよくなるよ
女性ホルモンの分泌も促されるんだって
あ

みそはイソフラボン多いんだよね
テレビで見た!!
そうそう〜
豆腐とか大豆製品は女性ホルモン増やして肌キレイにしてくれるんだよ
大豆バンザーイ!!
ワイ
ひょこ
楽しそーっすね
ワイワイ
どうぞー!
よかったらこっちで一緒に飲みませんか?
ホワーン…
あら…
ちょっと
こーいうの…
久しぶり…
あ
私たち皆結婚してるから
…
ーーって、ちょっ
何指輪はずしてんの!?
おい
おい
わーい
行くーっ
ガタッ
コソ
……

2章 食事

ダイエット（肥満予防）

摂取カロリーを抑え バランスよい食事を

肥満は高血糖、高血圧などの原因になる可能性が高く、やがて糖尿病や動脈硬化などの生活習慣病につながることも。脂肪分・糖分の摂取をなるべく控え、食物繊維やビタミンをたっぷり含んだ食べものを積極的にとりましょう。

栄養のバランスがとれた低カロリーの食事をきちんと食べることが大切です。

食物繊維｜おから

体脂肪になりやすい糖質や脂質の吸収を抑える作用があり、便秘の改善にも役立ちます。食事前に食べれば余分な栄養の吸収も抑えます。

その他の食材
いんげん豆、ひよこ豆、よもぎ、えんどう豆、シソ、大豆他

レシチン｜卵

卵は脂肪燃焼効果が高い上に腹持ちがいいので、積極的に摂りましょう。特に運動前に食べると必須アミノ酸と結びついて効果が倍増。

その他の食材
卵黄、大豆、豆腐、ピーナッツ、納豆、レバー、チョコレート他

カフェイン｜お茶

食後にカフェインの入ったお茶を飲むと、交感神経を刺激してアドレナリンが分泌。脂肪細胞の燃焼を促し、消化が早まります。

その他の食材
コーヒー、紅茶、ココア、コーラ、チョコレート、栄養ドリンク他

ビタミンB_6｜マグロ

タンパク質や脂肪の代謝を促進するビタミン。肝臓に脂肪が蓄積するのを抑えて、動脈硬化も予防します。マグロは肌の老化も抑制します。

その他の食材
ニンニク、酒粕、レバー、カツオ、鶏肉、イワシ、サケ、鶏ささみ他

簡単！うの花

おからに含まれる食物繊維は低カロリー。便の流れを促して便秘が解消するだけでなく、老廃物質が排出されるため美肌にも最適です。

材料 おから…1 袋　ニンジン…1 本　こんにゃく…1/2 枚
油揚げ…1 枚　干ししいたけ…2 枚　ごま油…適量
A【だし汁…150㎖　めんつゆ…大さじ 2】

作り方

1. こんにゃくは下ゆでして、干ししいたけは水でもどします。
2. ニンジン、こんにゃく、油揚げ、干ししいたけは小さく切ります。
3. 鍋にごま油を熱してすべての材料を加えて炒めたら、A を加えて 10 分煮ます。

温泉卵

卵黄に含まれるレシチンは血中コレステロールの値を正常に保って、ダイエットにいいだけでなく、動脈硬化を予防する働きもあります。

材料 卵…1 個　水…100㎖　めんつゆ…大さじ 1　万能ネギ…少々

作り方

1. 湯呑みに水と卵を割り入れます。
2. ラップをせずに電子レンジで 1 分加熱して中の水を捨てます。
※電子レンジのワット数によって、加熱時間を調整してください。
3. 器に入れたらめんつゆをかけて小口切りにした万能ネギを散らします。

便秘

水分補給と食物繊維、乳酸菌を摂って快便

便秘は、排便の我慢や水分・食物繊維の不足、運動不足やストレスが原因で起こります。水分を多めに摂取して、便をやわらかくしたり、胃や大腸の反射を促しましょう。特に冷たい牛乳は刺激効果が高く、朝起き抜けに飲むと有効です。食物繊維や乳酸菌で腸内を活発にしたり、脂質で便のすべりをよくすることも大切です。

食物繊維｜りんご

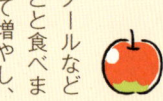

りんごは皮にポリフェノールなどの栄養が多いため、まるごと食べましょう。便に水分を与えて増やし、腸のぜん動運動を活発にします。

その他の食材
ゴボウ、おから、ひじき、わかめ、こんにゃく、玄米、さつまいも他

乳酸菌｜ヨーグルト

ヨーグルトは腸内環境のバランスを整え、便秘を解消して、免疫力も高めてくれます。朝食後に食べると排便量が増えて最も効果的です。

その他の食材
納豆、チーズ、バター、牛乳、キムチ、みそ、しょうゆ他

脂質｜ごま

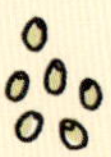

腸内で潤滑油の働きをして便のすべりをよくします。ごまは殻が固く消化吸収されにくいので、すりごまにして食べるとより効果的。

その他の食材
植物油、バター、生クリーム、アーモンド、ピーナッツ他

マグネシウム｜わかめ

わかめに含まれるマグネシウムは、便秘薬にも利用されている成分。加熱するとマグネシウム量が50分の1に減少してしまうので生食を。

その他の食材
ごま、アーモンド、きなこ、煮干し、干ししいたけ、玄米、バジル他

りんごヨーグルトジュース

りんごとヨーグルトの食べ合わせは、リンゴ酸と乳酸菌の相乗効果で腸内の善玉菌を増やし、腸の働きを活発にします。

材料 りんご…1 個
ヨーグルト…150mℓ
ハチミツ…大さじ 1

作り方 ❶ りんごは洗って芯を取り、ヨーグルトとハチミツと一緒にミキサーにかけます。

これならカンタンに♪
ガー

えのきわかめの中華仕立て

わかめはヨウ素も多く含み、精神を安定させて新陳代謝を高めます。血圧降下作用や血液をきれいにするミネラルも豊富。

材料 えのき…1 袋　乾燥わかめ…適量
A【マヨネーズ…大さじ 2
めんつゆ…大さじ 1　ごま油…小さじ 1】

作り方 ❶ 乾燥わかめとえのきを適量の水にひたしてレンジで加熱します。

❷ A と水を切った①を混ぜればできあがりです。

乾燥わかめは戻すとかさが増えるので分量に注意…
ぼわん

ホルモンアップ

女性ホルモンと類似の栄養素をたっぷり

現代のストレスの多い生活や食生活の乱れ、過度なダイエットが原因で女性ホルモンバランスが乱れるといわれています。日常生活では、生理痛、頭痛、肩こり、不眠、イライラ、肌のシワ、たるみなど、美容や健康面で影響が出ます。体内で女性ホルモンと似た働きする大豆イソフラボン、植物性エストロゲン、女性ホルモンの原料となる脂質を十分に摂ることが大切です。

大豆イソフラボン｜豆腐

1日に摂取したい大豆イソフラボンの量は50㎎で、豆腐なら半丁。体の機能を調整して更年期障害の緩和や乳がんの予防に役立ちます。

その他の食材

納豆、厚揚げ、豆乳、きな粉、みそ、油揚げ、大豆、黒豆他

植物性エストロゲン｜いちじく

いちじくにはペクチンも豊富に含まれ、美肌・美容にも効果的です。乳がんなどホルモンの病気予防も。

その他の食材

ざくろ、ナツメヤシ、甘草、りんご、いんげん豆他

ビタミンE｜モロヘイヤ

モロヘイヤの語源はアラビア語で「王様の野菜」。栄養の宝庫で細胞膜の酸化を防ぎ、ホルモン分泌が正常に。加熱を短時間に抑えるのがコツ。

その他の食材

植物油、バター、生クリーム、アーモンド、ごま、ピーナッツ他

オレイン酸｜オリーブオイル

オリーブオイルは、善玉を残して悪玉コレステロールのみに作用します。酸化しにくい油として有名です。

その他の食材

菜種油、紅花油、ひまわり油、キャノーラ油他

モロヘイヤのスープ

モロヘイヤに含まれるタンパク質分解酵素は熱に弱いので、加熱しすぎに注意。抗ウイルス作用や粘膜保護作用でかぜ予防にも効果的。

材料 モロヘイヤ…1/2束　大根…100g
ニンジン…1/2本
だし汁…600㎖　塩・こしょう…各少々

作り方
❶ 野菜を全て細かく刻みます。
❷ 鍋にだし汁を沸かしたら、すべての材料を加えて3分煮込みます。

豆腐のわさびオリーブオイル和え

女性ホルモンと似た働きをすると知られる豆腐にオリーブオイルを加えることで、細胞へのエネルギー供給が効率よくなります。

材料 豆腐…1/4丁　オリーブオイル…大さじ1
練りわさび…少々　塩…少々

作り方
❶ 豆腐にわさびをのせて、オリーブオイルをたらします。
❷ 塩をお好みでふれば完成です。岩塩を使うとなお美味しくいただけます。

睡眠

日本の伝統的な食事で神経を鎮める工夫を

睡眠は疲労回復や細胞損傷の修復、免疫物質の分泌に重要な役割を果たしています。糖質が不足すると、自律神経の活動バランスが崩れて不眠症の要因に。日本の伝統的な食事である納豆や干物、アサリのみそ汁などには、不眠を解消するビタミンB_{12}・B_1がたっぷりと含まれています。また、精神を安定させたり催眠効果のあるトリプトファンも牛乳や豆乳、チーズなど身近なものから摂れます。

糖質｜バナナ

バナナは消化酵素を多く含んでいるので、短時間で消化・吸収されます。お腹が空いて眠れない時は、バナナの疲労回復効果で快眠に。

その他の食材
白米、パン、うどん、そば、スパゲティ、じゃがいも他

ビタミンB_{12}｜チーズ

チーズの種類は300以上、一日に1片ほどで必要な栄養成分を摂取できます。別名「神経ビタミン」と呼ばれ、睡眠と覚醒のリズムを調整します。

その他の食材
シジミ、レバー、アサリ、イクラ、ハマグリ、イワシ丸干し、柿他

ビタミンB_1｜ベーコン

ベーコンの中でもロースやショルダーを選べば、カロリーは約半分。ビタミンB_1の量は2割増えて、脳や神経に効き、精神を安定させます。

その他の食材
豚肉、焼豚、タラコ、ウナギ、コイ、牛肉、イクラ他

トリプトファン｜ヨーグルト

ヨーグルトの乳酸菌は、食物の消化や分解を促すので夜食にぴったり。精神を鎮めて安眠へ誘います。

その他の食材
ニンニク、酒粕、牛乳、豆乳、チーズ、抹茶、黒砂糖、ごま、きな粉他

はちみつヨーグルトプリン

ハチミツに含まれるブドウ糖は、トリプトファンが体に吸収されるのを助けて絶好の睡眠剤に。ストレス解消にも効果的です。

材料 ヨーグルト…450mℓ　ゼラチン…4g　水…50mℓ
バニラエッセンス…少々　ハチミツ…大さじ2

作り方

1. ボウルにすべての材料を入れて、湯せんにかけます。
2. ゼラチンが溶けたらプリン型に入れて、冷蔵庫で20分ほど冷やして固めます。
3. ②を皿に出したら、仕上げにハチミツ（分量外）をかけます。

あったかバナナミルク

牛乳のトリプトファンはバナナに含まれるビタミンB6と合成して有効な睡眠物質を生成します。B6を含むきな粉や黒ごまを加えても。

材料 牛乳…100mℓ
バナナ…1/2本

作り方

1. ミキサーに牛乳とバナナを入れて混ぜます。
2. 大きめのマグカップに①を注ぎ入れたら、電子レンジで1分温めます。

ストレス

規則正しい食生活とカルシウム補充を

現在のようなストレス社会から自分を守るためには、ストレスをはね返す健康な心身を作ることが大切です。それには、1日3回の規則正しい食事と栄養バランスが鍵。漬けもの、梅干し、みそ汁などの鎮静効果の高いものや、酒やコーヒーなどのストレス解消になるものを適度に摂ることも必要です。また､カルシウムが不足すると､神経の興奮が高まりイライラや不安感が強まるので十分に摂りましょう。

ビタミンB_1｜タマネギ

精神疲労をとってイライラを鎮める効果があるため、精神のビタミンと呼ばれます。水にさらすと有効成分が流出するので注意が必要です。

その他の食材　グリンピース、粒入りマスタード、青のり、大豆、昆布、きな粉他

カルシウム｜牛乳

乳製品に含まれるカルシウムイオンは興奮や緊張を抑え、気持ちを落ち着かせる効果があります。1日最低コップ1杯を摂りましょう。

その他の食材　チーズ、ヨーグルト、パセリ、バジル、シソ、大根の葉他

ビタミンC｜キウイ

ストレスを多く抱える人ほど、ビタミンCの消費量が増えます。ゴールドキウイのビタミン含有量は通常のキウイと比べて約2倍です。

その他の食材　ゆず、パセリ、レモン、柿、いちご、ブロッコリー、きんかん他

パントテン酸｜納豆

納豆がストレス対抗ホルモンの働きを助けます。不足するとイライラや不眠、倦怠感や髪のダメージ、肌荒れを引き起こすといわれています。

その他の食材　レバー、牛乳、シシャモ、アボカド、ウナギ、タラコ、カツオ他

さっぱり！たまねぎポン酢

タマネギに含まれるビタミン B_1 やイオウ化合物には神経鎮静作用があります。良質のタンパク質を含むかつお節もストレス解消に効果的。

材料 タマネギ…1 個
ポン酢…適量
かつお節…少々

作り方

1. タマネギは皮をむいて、芯に十字の切れ目を入れます。
2. 耐熱皿にのせてレンジで 5 分加熱します。
3. ポン酢とかつお節をふりかけてできあがりです。

ネバネバ！納豆モロヘイヤ

納豆にモロヘイヤが加わると、ストレス解消効果の他、血液をサラサラにしたり、夏バテ回復、免疫力の活性化にも威力を発揮します。

材料 モロヘイヤ…1 束　ひき割り納豆…1 パック
A【練りからし…少々　しょうゆ…少々】

作り方

1. モロヘイヤは茎を切ってから、熱湯でサッとゆでます。
2. 納豆は糸が引くまで混ぜた後に①と混ぜます。A を加えて完成です。

疲れ

疲労回復効果の高い食材を取り入れて

疲れを感じたら、睡眠をまとめてとるのが一番。十分な栄養を摂り、ゆっくり入浴をしてぐっすり眠りましょう。疲労をそのままにしておくと、抵抗力や免疫機能が低下して風邪や病気を引き起こします。また、栄養面では肉体疲労に良質のタンパク質やビタミンB_1、精神的疲労にβ-カロテン、夏バテにはムチンなど疲労回復効果のある食事を。

ビタミンB_1｜豚肉

豚肉は脂質や糖質をエネルギーに変えて、肉体疲労をやわらげます。梅干しなどに含まれるクエン酸と一緒に摂れば疲労回復の相乗効果が。

その他の食材

ハム、タラコ、ウナギ、イクラ、カツオ、大豆他

β-カロテン｜ニンジン

ニンジンは皮付きのまま油で調理すると、吸収率が高まります。β-カロテンが免疫細胞を活性化させて、精神的疲労を回復させます。

その他の食材

シソ、モロヘイヤ、パセリ、バジル、ほうれん草、春菊、かぼちゃ他

ムチン｜長いも

長いもは消化吸収されやすく滋養強壮効果も高いので、食欲の落ちる夏に最適です。ムチンの成分が熱に弱いので、生食がおすすめです。

その他の食材

里いも、山いも、オクラ、モロヘイヤ、れんこん、納豆、もずく他

運動後はクエン酸を

スポーツ選手が積極的に利用しているのがクエン酸。乳酸や余分な脂肪を燃焼させて体に活力を与えます。疲れた時は、酢やレモン、梅干しなどの酸っぱい食品を摂って。

とろろご飯

胃に優しく消化吸収に優れた長いもと滋養に優れた卵は、病気時や病後の衰弱時の栄養補給源としても最適。疲労時の免疫力アップに。

材料 長いも…10cm　卵…１個　だし汁…大さじ１　ご飯…１杯

作り方

❶ 長いもは皮をむいてすり下ろします。

❷ 卵とだし汁を混ぜ合わせます。

❸ あったかいご飯に②をかければできあがり。

豚の角煮

豚肉はビタミンＢ群の宝庫。加熱によって脂肪含量が減少します。疲労回復から精神の安定、ストレス解消まで効果があります。

材料 豚バラブロック…400ｇ　ショウガスライス…3～4枚
青ネギ…少々
Ａ【水…50㎖　酒…50㎖　みりん…50㎖　しょうゆ…30㎖
砂糖…大さじ1】

作り方

❶ 耐熱皿に豚バラブロック、ショウガ、青ネギ、ひたひたの水を入れてレンジで15分温めます。

❷ 肉を取り出したら別の耐熱皿に入れて、Ａを加えてさらに15分温めれば完成。

肩こり

運動・入浴の血行改善や気分転換が大切

肩こりや腰痛は多くの人にみられる症状なので軽視されがちですが、胃腸、肝臓、目や耳、歯に異常をきたしたり、高血圧や動脈硬化の人に多いなど病気の前兆になる場合もあります。また、日常的なストレスやプレッシャーが血行不良の原因になり、肩こりを引き起こすことも。気分転換や適度な運動、入浴、食事で血行をよくしましょう。

クエン酸｜梅干し

梅干しは腸から血液の中に入るまでに酸性からアルカリ性に変わり、血液の循環を促して筋肉疲労をやわらげます。1日1粒食べると効果あり。

その他の食材

レモン、グレープフルーツ、みかん、オレンジ、いちご、バナナ他

アミノ酸｜大豆

大豆は必須アミノ酸がすべて含まれる食材。細胞の新陳代謝を促し、筋肉を強め、疲労感や痛みを改善します。白米との食べ合わせが○。

その他の食材

米酢、黒酢、白米、玄米、小麦、そば他

ショウガの湿布

ショウガに含まれる辛味成分のジンゲロールと精油には血行をよくする働きや消炎作用があります。皮膚からよく吸収されるので、患部に直接すりおろしたショウガを貼ると、痛みと冷えが解消されます。かぶれが心配な人は、水を加えた小麦粉と混ぜ合わせてガーゼに塗り、患部にあてましょう。

梅干しかつおスープ

梅干しを加熱すると梅干しの糖とクエン酸がムメフラールという血行を改善する特効薬に変化。固くなった筋肉をやわらかくします。

材料 梅干し…1個　かつお節・しょうゆ…各少々　熱湯…適量

作り方

1. 湯のみに梅干しを入れて、かつお節と混ぜます。
2. ①に熱湯を入れてしょうゆをたらします。

大豆のじゃこ炒め

大豆としらすには、血流・エネルギーの燃焼をよくするビタミンやカルシウムが豊富に含まれるので筋肉疲労の改善に効果的です。

材料 大豆の水煮…100g　しらす…大さじ4
A【ハチミツ・しょうゆ…各大さじ1】
白煎りごま…適量　ごま油…適量

作り方

1. フライパンにごま油を入れて熱し、大豆としらすを炒めて、Aを入れます。
2. 大豆に調味料がなじんだら、器に入れて白ごまをかけます。

生理不順

ホルモン分泌を促し
早めに医師の診察を

生理不順は、女性ホルモンのバランスが崩れることで起こります。生理周期が24日以内39日以上の場合は注意が必要です。脳、脳下垂体、卵巣、子宮のどこかに障害がある場合と、疲れやストレスなど精神的な要因によって起こることも。症状がひどい場合は、医師の診察を受けて、排卵の有無を調べましょう。体を温め、血をキレイにするものを食べることが大切です。

ビタミンE｜玄米

血行を促進して、ホルモンをコントロールする脳下垂体に働きかけ、自律神経を正常な状態に戻します。発芽玄米だと薬効が高まります。

その他の食材
小麦の胚芽、植物油、なたね油、サンフラワー油、とうもろこし油他

アルギニン｜ごぼう

古く中国でも古血を下す食品として知られるごぼう。脳に働きかけ、性ホルモンの分泌を促します。火を通すと甘味と風味が増します。

その他の食材
みそ、納豆、油揚げ、大豆、高野豆腐、鶏肉、卵他

鉄分｜黒豆

黒豆は生理に不可欠の鉄分を含み、ビタミンB_1・B_2も豊富。ホルモン分泌を調整し、安胎作用もあります。煮汁は捨てずに飲むのがおすすめ。

その他の食材
レバー、パセリ、みそ、卵黄、シジミ、鶏肉、牛肉、納豆他

体温を上げる努力を

入浴／半身浴でゆっくり体を温めましょう。足湯も○。
運動／第2の心臓というふくらはぎを揉んで血行を促して。
食事／日頃から、体を温める食べ物を摂りましょう。

ごぼうのバターしょうゆ焼き

ごぼうは保温効果があるので、体の冷えからくる生理不順に効果的。また、性ホルモンの分泌を助けて男女共の不妊症にも効きます。

材料 ごぼう…1本　片栗粉…適量　バター…大さじ2
A【しょうゆ・砂糖・酒…各大さじ1】

作り方

1. ごぼうはたわしで汚れを落とした後、5mm幅の斜め切りにします。水にさらしてあく抜きをしたら、水を切ります。
2. ごぼうに片栗粉をつけて、バターを熱したフライパンでこんがり焼きます。
3. ②にAを混ぜ合わせたらできあがり。

ごぼうは皮に栄養があるのよ♡

黒豆のクリームチーズ和え

黒豆は体の内側から腎を補い、生理不順や血液不足の頭のふらつきに効く漢方食材。冷え症や血液を浄化する作用もあります。

材料 黒豆の甘煮…50g　クリームチーズ…50g

作り方

1. クリームチーズは軽く練ってふわっとさせます。
2. ①と水気を切った黒豆を和えます。

これもカンタンよ

子宮筋腫

月経過多や腹部の異常に気づいたら受診を

子宮筋腫とは、子宮の中に良性の腫瘍ができることをいい、30代以上の5人に1人が持つといわれます。筋腫に関わる症状が出るのは30代半ばからが多く、腹部のひきつれやしこり、黄色のおりもの、月経過多に気付いたら、早めに診察を受けましょう。30代以上なら年1回の検診を受けることが大切です。食事面では、玄米と根菜類、繊維質の多い物を摂取する事を心がけましょう。

ナイアシン｜キクラゲ

血液を浄化したり、子宮出血を抑える働きがあり、細胞の活性を強めて免疫力を高めます。黒キクラゲより白キクラゲの方が作用に優れます。

その他の食材
粒入りマスタード、青のり、大豆、昆布、きな粉、焼きのり他

β-カロテン｜ニラ

ホルモンの調節をはかり子宮の機能を高め、血栓・うっ血の除去に効果があります。イカやシソの食べ合わせで生理痛や不正出血が改善。

その他の食材
ほうれん草、パセリ、トマト、ピーマン他

鉄分｜ほうれん草

鉄分や葉酸、マンガンなど増血作用のある成分が豊富に含まれ、貧血予防効果があります。ほうれん草の鉄分の吸収には油料理がおすすめ。

その他の食材
レバー、パセリ、卵黄、シジミ、イワシ、油揚げ、ひじき他

子宮筋腫に悪い食品

動物性食品と体を冷やすものの摂り過ぎに注意!

卵・乳製品・パン・肉類・脂身・動物性の油(バターなど)・コーヒー・お酒・コーラ・白砂糖など。

きくらげの和風蒸し

乾燥キクラゲは軽くて肉厚なものを選んで、カビ臭いものは避けましょう。生キクラゲは、プリプリしてヌルヌルしないものを選ぶと○。

材料 生キクラゲ…1 パック
A【ネギ…少々　ショウガ…1 片
しょうゆ…小さじ 2　ごま油…大さじ 1】

作り方
❶ ネギとショウガを粗みじん切りにします。

❷ ボールにひと口大に刻んだ生キクラゲ、A を加えてよく混ぜます。

❸ ②を器に入れてラップをしたら、電子レンジに 2 分かけて完成。

いかニラ炒め

貧血の女性に子宮筋腫が起きるといわれます。血液の循環をよくする β - カロテンを含むニラと、イカの食べ合わせはさらに効果的。

材料 イカ…1 杯　ニラ…1/2 束　片栗粉…適量
オイスターソース・酒・ごま油…各大さじ 1
塩・こしょう…各少々

作り方
❶ イカに塩こしょうをして、片栗粉をまぶしたら、フライパンにごま油をひいてじっくりと炒めます。

❷ イカに火が通ったら、ざく切りにしたニラと酒、オイスターソースを加えます。全体に味が絡まったら完成。

不妊症

妊娠しやすい体作りは食事からはじめて

結婚後2年以上経っても妊娠しない場合を不妊症といいます。男性が原因の場合も4割を占めます。女性が原因のほとんどは、子宮内の血液循環が悪いこと。それにより、ホルモン分泌が少なく、大きくて立派な卵子が成長せず、子宮内膜に着床しにくくなることが多いといいます。妊娠しやすい体作りのために栄養バランスに気をつけ、中性脂肪を低下させる食材、血行がよくなる食材を摂って。

ビタミンE｜玄米

米の栄養価のほとんどは、精米でなくなる外皮・ぬか・胚芽にあります。ホルモンの分泌促進作用があり、妊娠のための体作りに役立ちます。

その他の食材

小麦の胚芽、植物油、なたね油、サンフラワー油、とうもろこし油他

タンポポエキス｜タンポポ

脳下垂体を直接活性化し、ホルモン分泌を促すことで、生理不順や生理痛も改善。子宮内膜症にも効果があるといわれます。根を焙煎したタンポポコーヒーは市販されています。

イソフラボン｜大豆

女性ホルモンのエストロゲンと似た作用があり、不妊の特効薬と知られます。中性脂肪を減らし、血流を促して妊娠しやすい体にします。

その他の食材

納豆、豆腐、豆乳、きな粉、みそ、しょうゆ他

加齢が不妊の原因？

年齢が高くなるにつれて、受精卵の数が減少し、質が低下して、染色体異常が増えます。そのため、加齢によって妊娠する可能性が低下、流産頻度も上昇するといわれます。

玄米リゾット

玄米には内分泌腺の機能を高め、特に性腺の機能の強化に効果があります。卵巣の機能を健全にして不妊症・流産を防止します。

材料 玄米…120g　固形スープの素…1/2 個
水…400mℓ　ニンニク…1 片
しめじ・エリンギ・しいたけ・マッシュルームなど…100g
A【粉チーズ・バター…各大さじ 2　塩・こしょう…各少々】

作り方

1. 玄米は水洗いした後、3 時間以上水につけておきます。
2. 鍋にオリーブオイル (分量外) を熱し、ニンニクと薄切りにしたきのこ類を炒め、玄米を加えて、透き通るまで炒めます。
3. 水と固形スープの素を加えて煮て、玄米が水分を吸ってやわらかくなったら、A を加えて混ぜ合わせます。

玄米も洋風に
アレンジ♡

豆乳キムチスープ

豆乳は女性ホルモンのエストロゲンに似た働きをします。豆乳でホルモンバランスを整えれば、生理周期が整い妊娠しやすい体に。

材料 豆乳…200mℓ　キムチ…50g　豚肉…50g　ごま油…大さじ 1
鶏がらスープ…100mℓ　季節の野菜…適量

作り方

1. 鍋にごま油をひき、豚肉とキムチを炒めます。
2. ①に豆乳と鶏がらスープを入れます。
3. 季節の野菜を加えて少し煮たら完成です。

チンゲンサイなど
野菜はお好みで♡

デトックス

旬の食材を摂るように食生活を見直して

環境汚染や食品添加物、不規則な生活のストレスで、知らないうちに毒素は体内にたまります。食生活を見直してデトックスを実践しましょう。デトックス食材には、有害物質を吸着して毒性を殺すビタミンCや亜鉛、体の解毒作用を高めるタウリンやイソチオシアネート、有害物質を排出するクロロフィルなどがあります。旬の野菜や魚などの食材に意識すればバランスよく摂取できます。

ビタミンC｜柿

栄養素の王様といわれるビタミンCは有害物質を吸着する効果に優れます。柿は色が変わりやすいので調理する時は酢やレモンと一緒に。

その他の食材

ピーマン、ローズヒップ、ゆず、パセリ、レモン、明太子他

亜鉛｜カキ

カキは毒素を取り除くフィルターの役目をする肝機能を強化します。レモンなどビタミンCと摂れば吸収アップ。有害物質を無力化します。

その他の食材

レバー、カニ、豚肉、牛肉、卵黄、ハマグリ、タラコ、鶏肉他

タウリン｜タコ

タウリンは体の解毒作用を高めます。タコは焼くと3割、煮ると5割も成分が減るので可能なら生食を。水溶性なので煮汁も一緒に。

その他の食材

サザエ、カツオ、カキ、ブリ、イカ、ブリ、ホタテ、サンマ、イワシ他

イソチオシアネート｜菜の花

辛味や香り成分が体の解毒作用を高めます。菜の花はつぼみが閉じている物を選びます。ゆで過ぎに注意。

その他の食材

キャベツ、ブロッコリー、大根、わさび、イカ、からし他

食物繊維 トウモロコシ

有害物質の排出効果が高い食物繊維。トウモロコシは鮮度が落ちるのが早いのでゆでたら早めに食べて。粒が隙間無く詰まったものが美味。

その他の食材
ひじき、わかめ、昆布、栗、なし、いちじく、パイナップル他

クロロフィル 焼きのり

有害物質を排出する効果が高く、加熱や細かくするほど働きやすくなります。海藻を粉砕し加熱処理した焼きのりなら、手軽に摂取できます。

その他の食材
ほうれん草、小松菜、ニラ、春菊、シソ、わかめ他

フィトケミカル ブロッコリー

フィトケミカルは熱に強い成分。ブロッコリーもスープや蒸し料理などで食べても効果的です。

その他の食材
大豆、トマト、ほうれん草、緑茶、黒豆、ブルーベリー、赤ワイン他

ヨウ素 モズク

粘り気のある食物繊維が、糖や脂肪の吸収を抑制。食事の最初に摂れば、弱った胃の機能を回復させます。酢と食べると血液がサラサラに。

その他の食材
わかめ、ヒジキ、昆布、寒天、のり、大豆、小豆、米、タマネギ他

デトックスの方法と割合

デトックスで排出するのは、ダイオキシンなどの有害化学物質、水銀や鉛などの有害重金属。デトックス方法には食事療法、汗をかく、デトックスサプリメントの摂取などがあります。毒素の中で75%は便、20%は尿、3%は汗、2%は毛髪と爪から排出されます。そのため腸内環境を整え、便通がスムーズに行なえるようにしておくことも重要です。

菜の花のからし和え

菜の花は、緑色が濃く葉と茎がピンと張り、切り口が新鮮なものを選びます。軸のかたい部分は切り落としていただきましょう。

材料 菜の花…適量　塩…少々
A【だし汁…大さじ２　酒・練りからし…各小さじ１
しょうゆ…小さじ２】

作り方
1. 熱湯に塩を入れて菜の花をサッとゆでます。
2. Ａをよく混ぜ合わせて①と和えます。

タコの大根と玉子煮

タコはコレステロールを分解して排出します。疲労回復や肝臓機能の強化、視力低下にも効果を発揮します。

材料 ゆでタコ…200g　ゆで卵…２個　大根…1/2本　だし汁…200㎖
A【酒・みりん・砂糖・しょうゆ…各大さじ１】

作り方
1. 鍋にひと口大に切ったタコ、ゆで卵、大根を入れて、だし汁を加えて強火にかけます。
2. 煮立ったらＡを加えて中火にして落とし蓋をして約15分煮ます。汁けが少し残るくらいで完成です。

柿と大根のなます

柿は、血中アルコール濃度の上昇を抑制する他、利尿効果にも優れます。お酒を飲み過ぎた時や、二日酔いにも効果的です。

材料 柿…1個　大根…1/4個　甘酢…大さじ1

作り方
1. 柿は1cm角に切り、大根はおろします。
2. 甘酢に柿と大根を混ぜて、味がなじんだらできあがりです。

※柿は白和え、くるみ和え、酢の物などに向いています。

腸をきれいにする食べ物

・不溶性の食物繊維
水分を吸収して便量を増やし便通を促す
「おから、小豆、栗、シソ、パセリ、大豆、エリンギ、干しシイタケ他」

・水溶性の食物繊維
水分を集めてドロドロ便にして排泄
「ニンニク、ゆず、ごぼう、納豆、アボカド、オクラ、梅干し、モロヘイヤ他」

・オリゴ糖の多い食べ物
ビフィズス菌を増やし便秘解消、下痢改善
「ネギ、きな粉、ニンニク、タマネギ、枝豆、バナナ、アスパラ、大豆他」

・植物性乳酸菌の多い食べ物
腸の機能を高めて便秘解消、下痢改善
「キムチ、ぬか漬け、しば漬け、みそ、甘酒、納豆、野沢菜他」

冷え症

女性ホルモンや栄養価の高い食品で予防を

冷え症は女性の2人に1人が悩んでいるといわれる女性特有の症状。手足などの末端部分が冷える場合が多く、人によって頭痛、腰痛、肩こりなどの症状を伴います。これらは血液の流れを調整する自律神経の働きの鈍りや女性ホルモンの乱れ、新陳代謝の衰えから起こります。タンパク質やビタミン、鉄分が豊富に含まれたエネルギー量の高い食品や、血行を促す食品を摂りましょう。

鉄分｜ニンジン

中国では内臓を温め、血を補う作用があるとされ、冷え症を治す食べ物として有名。鉄分は造血作用で血行を促すので、冷え症にピッタリ。

その他の食材
レバー、鶏肉、アサリ、豚肉、納豆、煮干し、干しエビ他

アリシン｜ネギ

硫化アリルとも呼ばれ、発汗などの代謝作用を高め、食欲増進や冷え症を改善します。ネギは刺激が強いため、空腹時の多食は控えましょう。

その他の食材
ニンニク、葉ネギ、タマネギ、ニラ他

ショウガオール｜ショウガ

生食だと辛味成分のジンゲロールが優位になり、意外にも体を冷やします。加熱すれば、成分がショウガオールへ変化して血管を拡張し血行をよくする働きがあります。

ビタミンE｜ごま

「若返りのビタミン」といわれ、老化の原因といわれる中性脂肪を抑制、自律神経に働いて血行を改善します。消化を促すにはすりごまに。

その他の食材
カボチャ、モロヘイヤ、赤ピーマン、シソ、唐辛子、抹茶他

ねぎグラタン

ネギの最も効果的な食べ方は生食ですが、油で炒めるとコレステロールの上昇を抑えます。栄養が流れないよう、水にさらすのは3分以内で。

材料 じゃがいも…1個　ネギ…1/2本　とろけるチーズ…1枚
粉チーズ…小さじ2　ブラックペッパー…少々

作り方

❶ じゃがいもは皮をむいて3mm幅にスライスしてレンジで3分温めます。長ネギは斜め薄切りの後、細切りに。

❷ ココット皿にじゃがいもと長ネギを幾層も重ねて入れます。とろけるチーズをのせたら、粉チーズとブラックペッパーをふります。

❸ トースターに入れて焼き色がついたら完成です。

しょうがジャム紅茶

ぬるめのお湯で作れば、免疫力を高めるジンゲロールと体を温めてくれるショウガオールのダブル効果が得られます。

材料 ショウガのすりおろし…大さじ1
ジャム（イチゴ、マーマレード、ブルーベリーなど）…大さじ1
紅茶

作り方

❶ カップにショウガのすりおろし、お好みのジャムを入れます。

❷ ①に温かい紅茶を注げばできあがりです。

白髪

毛髪栄養成分を継続して摂ることが大切

年齢を重ねるにつれて色素細胞の能力が衰え、毛髪の色素が作られなくなると白髪になります。白髪の原因は遺伝や老化をはじめ、ストレスや栄養不足などがあります。髪の成分と同じ、硫黄分を含んだタンパク質や亜鉛、銅をバランスよく継続して摂取することが白髪を減らすためには特に大切です。

タンパク質｜鶏肉

髪の主成分で、成長に欠かせないのがタンパク質。ツヤとハリのある健康的な髪の毛を作り出すのに不可欠です。ビタミンCと併食が○。

その他の食材：肉、卵、カキ、しらす、イクラ、タラコ、カツオ、アジ、マグロ他

亜鉛｜黒ごま

新陳代謝を活発にし、血行をよくして毛根まで栄養素を運びます。特に黒ごまは亜鉛の含有量が高く、メラニンの色素形成も促します。

その他の食材：カキ、レバー、牛肉、カニ、卵黄、コンビーフ、鶏肉、チーズ他

ヨード｜ひじき

白髪の進行を遅くして、髪を黒くする効果のあるメラニン色素を作ります。ひじきはカルシウムも豊富で油料理にすると吸収も高まります。

その他の食材：わかめ、のり、とろろ昆布、もずく、てんぐさ他

銅｜アーモンド

食前に生のアーモンドを弱火で煎ると、ビタミン消失を抑えられます。白髪の発生防止には、少しずつ毎日摂ることが大切です。

その他の食材：カシューナッツ、カボチャの種、クルミ、ピスタチオ、松の実他

鶏ガラ美人スープ

鶏肉のタンパク質は、体内で毛髪の元になるメチオニンというアミノ酸に変わります。白髪はメチオニン不足の兆候ともいわれます。

材料 鶏ガラ…1羽　ネギ…1本　ニンニク…2片
ショウガ…1片　A【酒・しょうゆ…各大さじ1】

作り方
❶ 鍋にぶつ切りにした鶏ガラと適当な大きさに切ったネギ、ニンニク、ショウガとAを入れます。

❷ 鍋にひたひたの水を加えて、とろ火で煮続けます。アクが出たらとって下さい。

❸ 煮汁が白濁してきたら完成です。冷凍保存をしながら、毎日飲みましょう。

ひじきご飯

ひじきに含まれているヨウ素は成長や代謝を促す甲状腺ホルモンの分泌を促進。海藻特有のヨードはツヤ髪を作るのに役立ちます。

材料 米…400㎖　芽ひじき…15g　ニンジン…1/2本
ツナの缶詰…1缶(80g)　黒煎りごま…大さじ4　だし汁…適量
A【しょうゆ…大さじ2　酒…大さじ2　塩…小さじ1】

作り方
❶ 米は研いで水気を切ります。芽ひじきは洗って水に20分ほど浸けて戻します。ニンジンは皮をむき5cmの千切りに。

❷ 炊飯器に米とAを入れ、だし汁を加えます。水気を切ったひじき、ニンジン、ツナの缶詰を汁ごと入れて炊きます。

❸ 炊き上がったご飯に、すった黒ごまを入れ、全体を混ぜ合わせて完成です。

抜け毛

新陳代謝やホルモンを高める食品を摂って

女性で抜け毛に悩む人は意外に多く、冷え性や過度なダイエットが頭皮や血管・血液の循環などに影響し、育毛不良の原因となっているといわれています。また、冷え性や避妊薬は、女性ホルモンのバランスを崩すことで、抜け毛を進行させます。体を温めて、新陳代謝を高めるビタミンB群や髪の毛にツヤを出すカルシウム、髪を作るメチオニンを摂りましょう。

ビタミンB_2 | うずら卵

脂質の代謝を促進して、髪や爪の再生に力を発揮。造血効果もあります。うずら卵は、殻を手で触った時にざらつかないものが良品です。

その他の食材　レバー、豚肉、牛肉、ウナギ、うずら卵、魚肉ソーセージ、サバ他

カルシウム | パセリ

パセリは鉄分も豊富なので造血作用を高めます。頭皮に栄養を届けて髪の生育を助けます。水でサッと洗った後、生食で。肉との食べ合わせが効果的。

その他の食材　桜エビ、チーズ、アユ、油揚げ、モロヘイヤ、牛乳、ひじき他

メチオニン | グリーンピース

目が疲れるとメチオニンが網膜の修復に使われ、髪へ栄養が届かなくなります。グリーンピースを加熱する時は、汁ごと食べると効果的です。

その他の食材　ほうれん草、ニンニク、豆腐、トウモロコシ、ピスタチオ他

男性の抜け毛

現在、日本人男性の約３人に１人が抜け毛、薄毛で悩んでいます。パソコンや生活習慣の不規則さが原因に。また、社会環境のストレスも大きく関わっているといわれます。

パセリのポークソテー

一度に多くの量を食べられないのが、パセリの難点。みじん切りのパセリをいろいろな料理にふりかけて食べるようにしましょう。

材料 豚ローストンカツ用…1枚　パセリ…1束　塩・こしょう…各少々
バター…大さじ2　ニンニク…1片　しょうゆ…大さじ2　サラダ油…適量

作り方

❶ 豚肉は筋を切って塩・こしょうします。ニンニクはみじん切りにし、パセリは葉を細かく切ります。

❷ フライパンに油を熱して豚肉をソテーします。火が通ったら取り出します。

❸ ②のフライパンにバターを溶かし、ニンニクを炒めます。火を弱めてパセリを入れ、しょうゆで味付けを。

❹ 肉の上から③をかけて完成です。

グリーンピースのポタージュ

グリーンピースの鮮度を保つには、調理の直前に皮をむくことです。長期保存する場合は、その日のうちに塩ゆでして冷凍しましょう。

材料 グリーンピース…50g　タマネギ(中)…1/4個　水…200mℓ
牛乳…150mℓ　コンソメスープの素…1個
オリーブオイル…大さじ1/2　塩・こしょう…各少々

作り方

❶ 鍋にオリーブオイルを熱し、薄切りにしたタマネギをしんなりするまで炒めます。

❷ 水とコンソメスープの素、グリーンピースを加え10分煮ます。冷めたらミキサーにかけてなめらかにします。

❸ 鍋に戻して、牛乳を加えて温めます。塩・こしょうで味を調えて完成です。

更年期障害

大豆製品や鉄分、ビタミンを毎食摂って

女性ホルモンの分泌が急激に変調する閉経をはさんだ2～3年（44～55歳）が更年期です。ホルモンバランスの乱れに伴って肉体的、精神的不調をきたす場合もありますが、ホルモンバランスが落ち着けば症状が消えます。食生活では、イソフラボンや抗酸化ビタミン、鉄分を多めに摂ることが大切。楽しみを見つけて、ストレスをためないように心がけて乗り切りましょう。

イソフラボン｜みそ

イソフラボンは、女性ホルモンと似た働きをして、更年期障害の諸症状を軽くします。大豆食品でもみそは体への吸収がよいのでおすすめ。

その他の食材

納豆、豆乳、大豆、豆腐、きな粉、厚揚げ、油揚げ、がんもどき他

ビタミンC｜ブロッコリー

豊富なビタミンCを損なわないために加熱は短時間に。閉経期に弱くなる毛細血管を強化してくれます。

その他の食材

アスパラ、ほうれん草、小松菜、パプリカ、キャベツ他

鉄分｜アスパラ

女性ホルモンの分泌を促進します。油調理はβ-カロテン摂取やビタミン類の損失が少なくおすすめ。鮮度が落ちやすいので調理は早めに。

その他の食材

パセリ、ひじき、ほうれん草、レバー、干しぶどう、プルーン他

趣味で気分転換を

更年期障害は、周りの理解を得られず辛い思いをしている人が多くいます。女性は誰もが経験すること。楽しみや趣味を見つけ、ゆったりとした心構えで乗り越えましょう。

みそマヨネーズのグラタン

みそは前立腺がんや乳がんを抑える働きもあります。サケは胃腸が弱く冷えやすい人や体力が衰えている時によいタンパク源です。

材料 甘塩サケ…4切れ　しめじ…1パック
A【マヨネーズ…大さじ2　みそ…小さじ2
ネギみじん切り…大さじ5】

作り方

❶ サケとほぐしたしめじをフライパンで焼きます。

❷ オーブントースターにサケをのせ、混ぜ合わせたAをかけ、少し焦げ目がつくくらい焼きます。

みそはお好みの
もので☆
みそ

アスパラの海苔炒め

アスパラとのりの食べ合わせは、体力、精神の衰えや貧血を防ぐ効果が高いといわれています。

材料 アスパラ…1束　むきエビ…6～8尾　塩…少々
サラダ油…大さじ1　青のり…大さじ1

作り方

❶ アスパラは根元の固い部分を切り落とし、固い皮はピーラーで削いで、斜め切りにします。

❷ むきエビは塩を加えた熱湯でゆで、色が変わったらザルに上げます。

❸ フライパンにサラダ油をしいて、アスパラに火が通ったら、エビと青のりを炒め合わせて、なじんだら完成です。

なんか調子が…
男性も更年期障害
あるらしいですよ…

骨粗鬆症

骨作りを心がけて過度なダイエットに注意

患者の8割は中年以降の女性です。女性ホルモンの影響を強く受けており、閉経期の40～50歳代から急激に骨量が減少し、60歳代では2人に1人、70歳以上になると10人に7人が骨粗鬆症を起こすようになります。骨を作るのに必要なカルシウム、その吸収を助けるビタミンDは、歳を重ねるごとに多めに摂取しましょう。また、過度なダイエットも骨密度を減らすので注意を。

カルシウム｜小松菜

小松菜の加熱時間は、ビタミンCが壊れないように短めに。また、成分が流れ出しやすいので、水にさらしたり、下ゆでも必要ありません。

その他の食材
チーズ、ヨーグルト、パセリ、バジル、シソ、みそ、小松菜他

ビタミンD｜サケ

腸管のカルシウム吸収にはビタミンDの作用が不可欠です。サケに含まれるアスタキサンチンは活性酸素から体を守り、胃腸を温めます。

その他の食材
しらす、イワシ、イクラ、サンマ、ウナギ、マグロ、キクラゲ他

日光浴も大切です

日光に当たると、体内にビタミンDが作られ、骨粗鬆症の改善に不可欠なカルシウムの吸収を助けます。1日1時間は日光に当たりましょう。散歩や自転車などの運動を取り入れれば、骨にカルシウムが定着して骨粗鬆症になりにくい体に。また、長時間外に出る場合は、紫外線のケアをしましょう。

さけ缶の野菜スープ

サケと一緒に鍋に入れる野菜は、季節の野菜を入れてアレンジを。好みに応じてバターや七味唐辛子を振りかけて楽しみましょう。

材料 サケ缶…1缶　キャベツ・タマネギ…各1/2個
じゃがいも…2個　ニンジン…1本　バター…大さじ2
コンソメ…2個　水・牛乳…各400mℓ　白みそ…60g

作り方
❶ 野菜はみじん切りにします。

❷ 鍋にバターを溶かしてタマネギを炒めます。水とコンソメの素を加えて煮立て、その他の野菜を加えて20分くらい煮ます。

❸ ②に牛乳と白みそで味を調え、サケ缶の汁を切って加え、ひと煮立ちさせます。

小松菜とじゃこの煮浸し

小松菜の3分の1束に牛乳の3倍のカルシウムが含まれています。ただし小松菜のビタミンCを効率よく摂取するなら生食で。

材料 油揚げ…1枚　小松菜…1束　しらす…20g
A【だし汁…400mℓ　しょうゆ・酒・みりん…各大さじ3】

作り方
❶ 油揚げは熱湯をかけて油抜きし、横半分に切ってせん切りにします。

❷ 鍋にAを入れて煮立ったら、油揚げとざく切りにした小松菜、しらすを入れて10分煮ます。

脳

脳の働きを助ける栄養で老けさせない努力を

30歳を過ぎると個人差はあるものの、脳の衰えを感じる人が増えます。生まれた時に140億個ほどあった脳細胞は、70歳では約半分まで減少するといわれます。しかし、生き残った脳細胞で機能を高めていくことは可能です。脳を老けさせないために、自分の関心が持てることを探していくことが大切。栄養面では、コリンやDHAなど脳の働きを助けるものを摂るように心がけましょう。

コリン／みそ

コリンは脳に入ると神経伝達物質に変化して記憶や判断を手助けします。みそはビタミンEや抗酸化物質など老化を防止する栄養の宝庫です。

その他の食材
おから、納豆、大豆、卵黄、レバー、さつまいも、チョコレート他

DHA／サバ

脳や神経組織の発育、機能維持に不可欠の成分で、魚の目の周りの脂肪に多く含まれます。煮込みなど脂肪を逃がさない料理が効果的です。

その他の食材
舌平目、カワハギ、マグロ、サンマ、イワシ、ウナギ他

ナイアシン／プルーン

コレステロールを下げて、脳神経の働きをよくする作用があります。プルーンはアルコールの分解を助けるので、お酒のお供にもどうぞ。

その他の食材
タラコ、マグロ、イワシ、鶏肉、レバー、ピーナッツ他

ビタミンB_{12}／チーズ

集中力や記憶力向上に効果あり。チーズは完全栄養食品といわれるほど栄養価が高く、お酒の前に食べるとアルコール分解を助けます。

その他の食材
レバー、カキ、牛乳、ヨーグルト、アサリ、シジミ、イクラ他

さばのみそ煮

青魚は血液サラサラ効果がある魚油の EPA と DHA がたっぷり。みその食べ合わせで脳梗塞や心筋梗塞の予防を！

材料 サバ切り身…1 切　ショウガ…1 片
A【水…100mℓ　酒…50mℓ　みりん・みそ・砂糖…各大さじ 3
しょうゆ…大さじ 1】

作り方

1. サバは表、裏に熱湯をかけて臭みの下処理をします。ショウガは薄切りに。
2. フライパンに A を入れて沸騰したら、サバとショウガを加えます。落としぶたをして、時々煮汁をかけながら煮ます。
3. 10 分煮てとろみがついたら完成です。

ベイクドチーズケーキ

チーズは脳を活性化させるドーパミンや、ノルアドレナリンなどの神経伝達物質を作り出す原料です。ブドウ糖と摂れば効果的です。

材料 クリームチーズ…250g　薄力粉・ハチミツ…各大さじ 3
卵…2 個　生クリーム…200g　レモン果汁…大さじ 2

作り方

1. クリームチーズを室温に戻し、薄力粉をふるいます。泡立て器でなめらかなクリーム状になるまで混ぜ合わせます。
2. ①にハチミツと溶いた卵、生クリーム、レモン果汁を順に加え混ぜます。
3. オーブンシートを敷いた型に②を流し入れ、180℃に温めておいたオーブンで約 45 分焼きます。

若返る　基本の調味料

調味料を選ぶ時は、保存料や添加物を使用していない、天然に近いものを選びましょう。

しょうゆ

しょうゆ

消化を助け、大腸菌を死滅させる殺菌力があります。大豆と小麦で 20 種類のアミノ酸が含まれます。

みそ

みそ

腸をきれいにする乳酸菌、麹菌が生む多種多様な酵素がたっぷり。熱に弱いので生食が効果的です。

粗塩

粗塩

体を温めて、体内の余計な水分を排出します。自然塩は溶かして煮物や吸い物、漬け物に使うと○。

本みりん

食欲を高めて高血圧を予防します。熱が加わると魚や肉など素材の生臭さを消します。白砂糖の代替使用も○。

毎日の食事に使う物
だからきちんと
選びましょうね♡

黒酢

ペプチドが血流を促し、クエン酸が炭水化物の燃焼を円滑にします。ドレッシングや酢の物にも利用しましょう。

ごま

老化防止のビタミンＥやグリコマンナンという抗酸化物質が豊富です。消化が悪いので煎りごまに。

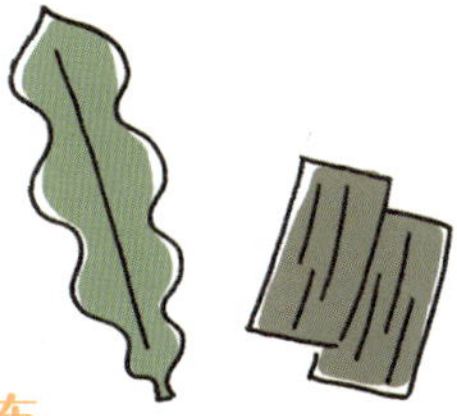

昆布

肌や髪の新陳代謝を上げるヨードの含有率は海藻の中で NO.1。

かつお節

必須アミノ酸が全部含まれており、コラーゲンの働きが活性化します。

植物油

低温圧搾の植物油は、酸化しにくいので、細胞の老化から体を守ります。

第3章

ボディ

年齢とともにくずれてくるボディライン。
細胞をよみがえらせるチベット体操や
ちょっとしたエクササイズで引き締めましょう。

BODY CARE

じゃあ
お先に～
おつかれさまです～
先輩、水曜日は早く帰るけど何かあるんですか？
さぁ…
二人とも今度の日曜空いてる？
イイところに連れてってあげるわヨ♡
ホーホホホ
コワイ…
…イイところ？
日曜日
わー私トルコ料理初めてですー
外国の人もいっぱい～
あ、ショーが始まるわよっ
パッ
ジャカジャカ
パチ
パチ
パチ
パチ

わ〜キレイ♡
あれ…？
あの青い方
あ!!先輩!?
ポカーン
パチパチ
ワーワー
皆来てたのねー
先輩
ベリーダンスやってたんですね
わースゴイ汗
そうなの教室は週一で月に一回ショーに出させてもらってるわ
運動量がハンパないからね
ハァハァ
もう長くやってるんですか？
半年くらいかな〜？
社交ダンスやフラを渡り歩いて
くびれもあってナイスバディですね
先輩キレイでした!!
ウフフありがと
フフフイイもの見せてあげるわ♥
ゴソ

ばーんっ
え…コレ
明美さん…?
だよね。
やだ専務〜コレ20年前の写真じゃないですか〜
産後太りでぶくぶくだったのよね〜あの頃
ゴス
ゴス
イタイわね本当のことでしょ?
今より老けて見える
20年前
先輩ここからどうやってやせたんですか?
知りたい!!
アタシがチベット体操教えてあげたのよ
ズィッ
ポン
チベット体操?
…て何?
チベットのラマ僧に伝わる体操でねチベットを旅行した時に知ったの
死んでません…
体力がない。

ヨガの原型とも言われてて若返りの体操としても効果があるの
若返り!?
ぜひ教えて下さい
やってみると気持ちいいわよ
私も毎日やってるわ
Hey Very Nice!
Thank you!
アラ
わーモテモテ
スゴーイ
明美さんみたいにキレイなら声かかるのも納得…
…なんだけど
どうして専務までモテてるんだろ…
不思議…
good looking!
あらうれしいわ
Excellent!!

3章 ボディ

チベット体操

チベットに伝わる若返りの体操で老化を抑制し心身ともに健康に

体内には、目に見えない電気の場で、エネルギーを生む「チャクラ」が7つあるといわれます。チャクラが速い速度で回転していれば、体が健康に保たれますが、回転が遅くなるとエネルギーが生まれなくなり、病気などを引き起こします。チベットのラマ僧に伝わるチベット体操は、このチャクラを正常な速度に戻す儀式です。

また、チャクラは体内の内分泌腺7つと対応しています。チベット体操は、チャクラを活性化してホルモン分泌を促し、老化を抑制する効果があるため、若返りの体操ともいわれます。

1週間目は一~五までの体操を1日各3回行ない、その後1週間ごとに2回ずつ増やしていきます。最終的には21回ずつ行なうことが理想です。自分に合った回数で長く続けることが大切です。

第一の体操

チャクラの回転を早め、ホルモンの分泌を活性化します。チベット体操の基本です。

1. 両手を地面と平行になるように広げて立ち、体全体を時計回り（右回り）にゆっくり回転させます。

手のひらを下に向け、目は開けたままで。最後に深呼吸をします

第二の体操

足元のエネルギーを上体に引き上げます。消化器系にも効果的。

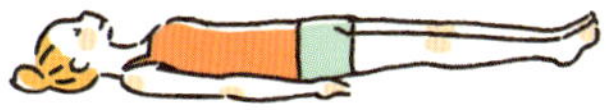

❶ 仰向けに横たわり、手のひらを下にして、両手を体の横におきます。

ひざを曲げないように注意

❷ 鼻から息を吸いながら、頭と足を持ち上げ、体と足が直角になったら止めます。口から息を吐きながら、頭と足をゆっくり下ろします。

第三の体操

胸元にエネルギーを注ぎ、背骨を柔軟に。ヒップアップにも役立ちます。

目を閉じ、足の指を立てて、ひざは少し開きます

❶ ひざをつき、上体を真っすぐにします。両手はお尻の下にあてます。

❷ 口から息を吐きながら、あごが胸につくまで頭を下げます。

❸ 鼻から息を吸いながら、頭と背筋を反らし、ゆっくりと①の姿勢に戻します。

元に戻す時は口から息を吐きます

第四の体操

エネルギーを上げて、頭部へめぐらせます。免疫力を高め、バストアップや二の腕の引き締め効果もあります。

指先をそろえます

❶ 足を前にのばして座り、肩幅ぐらいに足を広げます。両手は指先を前にし、手のひらを地面に向けてお尻の横につけます。

❷ 口から息を吐きながら頭を下げて、あごを胸につけます。

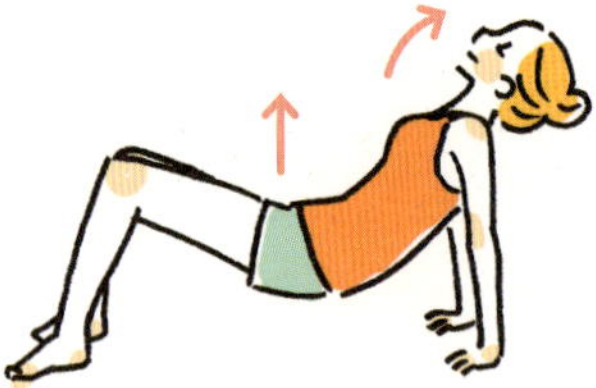

❸ 足の裏を床につけ、鼻から息を吸いながら頭を後ろに反らして、腰から上を持ち上げます。

息を止めたら、ゆっくり
5秒数えます

❹ 胴体と地面が平行になったら、息を吸い込んだ状態で一旦止めます。口から息を吐きながら、ゆっくりと①の状態に戻します。

第五の体操

高まったエネルギーを全身に満たします。背中やウエストまわりをすっきりさせ、更年期障害の改善にも効果があります。

① うつ伏せになって足のつま先を立て、両手を胸の横につけます。

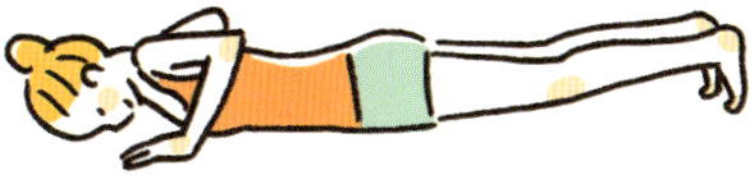

② 口から息を吐きながら両手で支えて上体を起こし、胸を反らします。

両手とつま先以外は浮かせた状態になります

③ 鼻から息を吸いながらお尻を上げ、一番高いところまで上がったら、あごを引いて胸につけます。口から息を吐きながら②の体勢に戻り、②～③を繰り返します。

かかとは床につけます

アンチエイジング姿勢チェック！

顔や体の骨にゆがみが生じていると、血液やリンパの流れが滞り代謝も悪くなってしまいます。代謝が悪くなれば体内に老廃物がたまり、シワやむくみ、ニキビなどができやすくなります。ゆがみを生む悪い習慣を見直して、骨のバランスを整えましょう。

カバンをいつも同じ側で持つ

いつも同じ側でカバンを持っていると、片側だけに荷重がかかり、筋肉や骨のバランスを崩します。持ちかえやすいカバンにして、左右均等に持つよう心がけましょう。

足を組んで座る

足を組むと骨盤がずれる原因に。さらに背骨や頭の骨のゆがみを引き起こし、顔のむくみなどにつながります。足を組まずに、背骨をのばして座るようにしましょう。

横座りをする

横座りをすると、骨盤や背骨がゆがむ原因になる上､筋肉のクセもつくので、体型も崩れてしまいます。正座など、骨盤がゆがまない座り方をすることが大事です。

片側だけでものを噛む

片側だけで噛んでいると、顔がゆがみ、普段使わない方だけに法令線が出たりします。あまり噛まずに飲み込むのも、顔がたるむ原因に。左右両方で、よく噛んで食べるようにしましょう。

ヒールの高い靴を履く

ヒールが高いと、前屈みになり、正しい歩き方がしづらくなります。靴のヒールは3㎝までに。また、体が不安定になるため、ヒールが細すぎる靴も避けるようにしましょう。

二の腕

使わないと次第にたるんでくる二の腕をぐっと引き締める

筋肉が老化によって細くなり、その上に脂肪がつくと、二の腕にたるみができます。二の腕の筋肉は、腕の表と裏にそれぞれありますが、裏側は日頃使われることがないので、どんどん衰えていってしまうのです。

二の腕のたるみ予防のためには、腕を動かすことが一番。歩く時に、ひじを軽く曲げ、ぐっと後ろに引くようにするだけでも、たるみを抑えることができます。

オフィスで二の腕エクササイズ

普段使わない裏側の筋肉を鍛えて、二の腕のたるみを解消しましょう。ちょっとした空き時間にやることができます。

1. 机の下に両手をあてて、10秒間上に押し上げます。これを数回繰り返します。

二の腕エクササイズ

二の腕を引き締めるエクササイズは、肩や背中の筋肉も動かすため、肩こり解消にも役立ちます。

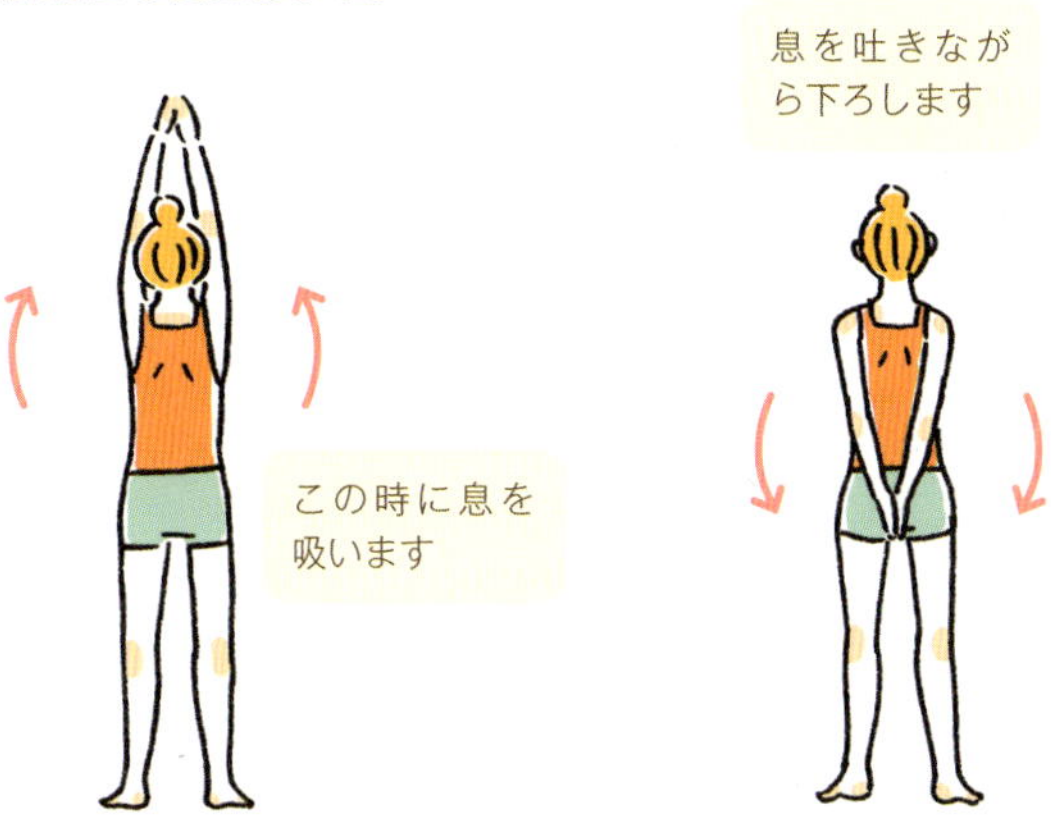
息を吐きながら下ろします
この時に息を吸います

❶ 足を肩幅に開いて立ち、両腕を真っすぐ上にのばして、頭の上で手のひらを合わせます。

❷ 腕を真っすぐなまま背中側に下ろし、手のひらを合わせます。上下1セットで10回行ないます。

二の腕のブツブツは？

二の腕や背中に見られるブツブツは、毛孔性苔癬《もうこうせいたいせん》（毛孔性角化症《もうこうせいかっかしょう》）といわれるもの。若い女性の半数以上に見られる遺伝性の皮膚異常です。

思春期頃に出始め、加齢とともに自然に消えていくもので、人にうつることはありません。保湿やピーリングなどが効くといわれますが、効果には個人差があるようです。

自然に消えてくみたいだけど一応保湿しておこう…

バストアップ

加齢で下がってくる胸の筋肉を鍛えて バストの形を美しくキープ

バストは脂肪組織などで構成され、皮膚や筋肉に支えられています。加齢により、この皮膚や筋肉が衰えると、バストが下がったり、形が崩れたりしてしまいます。

バストの形を司るのは、胸の上部に位置する大胸筋という筋肉です。この筋肉を鍛えて、バストのたれ下がりを阻止しましょう。

バストアップストレッチ

胸の筋肉が衰えると、顔や首の筋肉までゆるんでしまいます。エクササイズで手軽に引き締めましょう。

1. 胸の前で両手の指先を組み合わせ、外側に向けて10秒ほど引っぱります。20回行ないます。

ゆっくり息を吐きながら行なうと、より効果的です

バストアップエクササイズ

バストは、鍛えないと20代半ばからでも下がり始めてしまいます。胸の筋肉は、普段使わないので意識的に鍛えることが必要です。

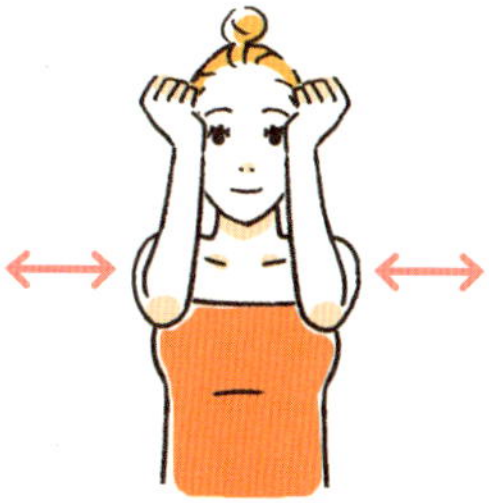

❶ 息を吸いながら、両腕を肩の高さで地面と平行になるように開き、ひじを直角に曲げます。

❷ 息を吐きながら、両腕を肩の高さで胸の前に移動させます。胸の前で5秒止めたら、①の状態まで戻します。20回行ないます。

デコルテマッサージ

バストがきれいに見えるようデコルテもすっきりと。また、マッサージでリンパ液の流れもよくなり、老廃物の排出を促します。

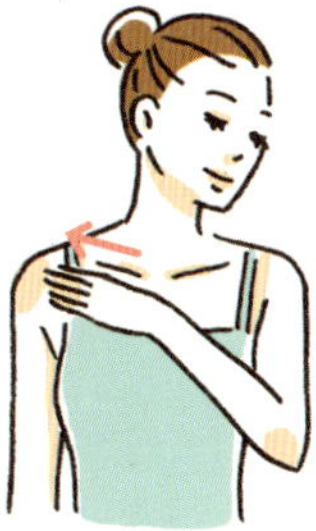

❶ 顔を少し左に傾け、右鎖骨下に左手の指先を添えて、鎖骨下を内から外へ5～10回マッサージします。左鎖骨下も反対の手で同様に行ないます。

人差し指が鎖骨の下に来るようにあてます

教えてもらった
チベット体操を
続けて数週間…
ふーー
は～
気持ちいい
なんか体も
かるくなって
きたみたい？
チラ…
恥ずかしかったので
そのまま買った
ブチッ
これがはけるように、なればなあ…
えっ？
お腹のたるみ？
そうなんです
何かいい
エクササイズ
とかあります？
ベリーダンスほど
激しくない
やつで
そうねぇ
続かないと意味ないし…
あ、職場でも
できるやつが
あるわよ
ホントですか!?

ぷる
ぷる
清子さん具合悪いんですか?
震えてますよ
～～～～
ぷる
ぷる
ぷは～コレ結構効く～っ
ハァ
ハァ
?
今明美さんに教えてもらったエクササイズをしてたの
お腹のたるみに効くんだって～
ハァ
ハァ
ハァ
お腹ひきしめエクササイズ
イスに座って足を床から10cmぐらい浮かせた状態を保ちます。
へぇー私もやってみます
コレホントきますね
でしょっ毎日続けるといいらしいのよ
ぷる
ぷる
ぷる
ちょっと!! 手が止まってるわよ!!
仕事しなさいよっっ
ワンワン!!
(叱咤)

……
ガー
どうしたの？変なポーズで
見られちゃった
?
あ、コレ明美さんに教えてもらったの
ウソッ
じゃあ続けたら明美さんみたいになれるの!?
わ
ワラ
ワラ
教えてー
えーって二の腕のシェイプアップは…
ふんふん
数日後
お届けもので――
ぎょ
すッ
皆さん変わった体勢でお仕事されてるんですね…
あ そういえばそうね
→慣れてて気付かない
ぷる
ぷる
ぷる
宅急

さらに後日——
やった!!
スカートがはけた!
おめでとう
スカートがはけた
ごほうびに
嬉しい〜!!
おいしかった〜
ありがとう!
幸せ〜♪
自分を磨くって
スバラシイわ〜
!!
ガクッ
……くっ!!
大丈夫か?
今度の目標は減量…?
まだまだ
理想の自分には
ほど遠いようです
かかと折れた

ウエストまわり

脂肪のたまりやすいウエストまわりは代謝を上げて燃焼させること

加齢によって基礎代謝力が落ちると、体に脂肪がたまりやすくなります。特に骨のないウエストまわりは、最も脂肪のたまりやすい部分。また、骨のゆがみも脂肪がつきやすくなる原因のひとつなので、姿勢を整えることも重要です。

　ウエストまわりがすっきりすると、体全体の印象も変わってきます。ウエストの脂肪を燃焼させたり、姿勢を整えたりして、女性らしいくびれを手に入れましょう。

ウエストがゴムやヒモのパンツは着ません!!
ラクなんだけど…

正しい姿勢で代謝アップ

　ウエストのくびれを作るために正しい姿勢を心がけましょう。姿勢がきれいなら骨がゆがむこともなく、余分な脂肪もつきにくくなります。また、正しい姿勢を保つためには、筋肉を正しく使わなければなりません。筋肉を使えば、代謝が上がって脂肪燃焼も活性化し、全身のスタイルをキープするのに役立ちます。

正しい立ち方

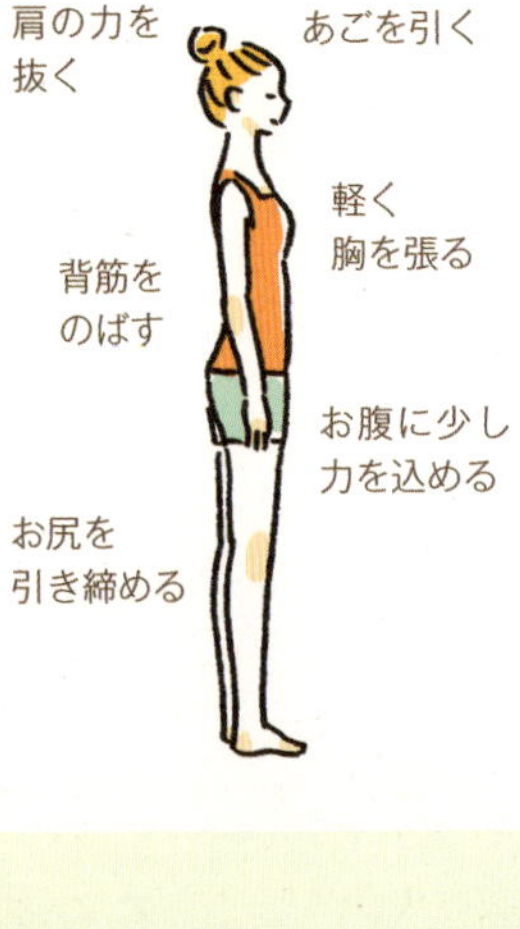
肩の力を抜く
あごを引く
軽く胸を張る
背筋をのばす
お腹に少し力を込める
お尻を引き締める

くびれ復活エクササイズ

お腹の筋肉に刺激を与え、ウエストまわりの脂肪を燃焼します。

❶ 足を肩幅に開いて立ち、両手を腰にあてて、筋肉を意識しながら指を押し込みます。

❷ そのまま上半身だけを左右にねじります。左右１セットで10回行ないます。

骨盤のゆがみ解消エクササイズ

骨盤のゆがみから、ウエストに脂肪がたまりやすくなります。ゆがみを直して、やせやすい身体を作りましょう。

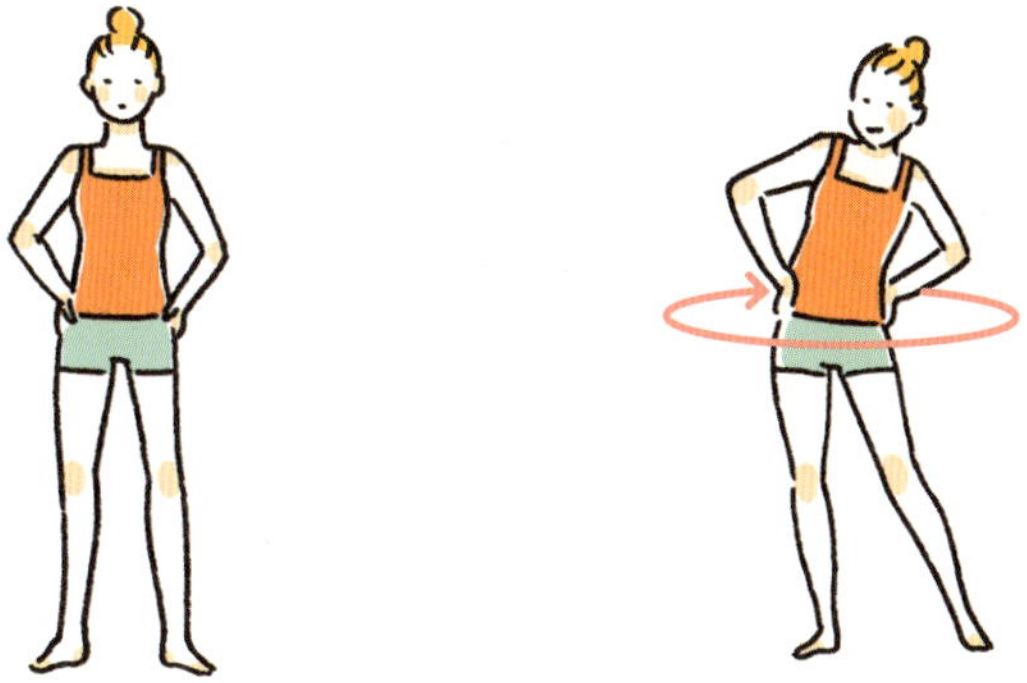

❶ 足を肩幅に開いて立ち、腰に両手をあてます。

❷ 上体は真っすぐなまま、腰を右まわりに10回まわします。左にも10回まわします。

下腹

筋肉の衰えが下腹ぽっこりの原因
内臓が下がると肌トラブルも

ウエストまわりと同様に脂肪のつきやすい下腹。やせているのに下腹だけが出ている人も見られます。これは内臓を支える筋肉が衰え、内臓が下がってくることが主な原因です。

……
タプーン
男性も例外ではない。

内臓が下がっていると、腸などの働きが悪くなり、老廃物がたまりがちになります。その老廃物を皮膚から排出しようとするため、ニキビなど肌のトラブルを引き起こすことに。内臓が下がらないよう、腹筋を鍛えたりすることが重要です。

下腹が出てくる他の原因

・皮下脂肪がつく

加齢により代謝が悪くなると、体に余分な脂肪がつきやすくなります。

・骨盤が開く

骨盤が開いていると、内臓が骨盤の中に落ちてしまいます。特に出産後の女性は、骨盤が開きやすくなっているので注意が必要です。

・便秘

便秘により便が腸内にたまることで、下腹が出てきます。

便秘はコワイわね～
アタシには無縁だわ☆
ホーホホホ

下腹ぺこぺこエクササイズ

下腹に効くのは腹筋エクササイズ。上体を丸めるように持ち上げると、腰にあまり負担をかけずに腹筋を鍛えることができます。

❶ 仰向けに寝て、両ひざを立てます。両手は床から離します。

❷ 息を吐きながら、おへそをのぞきこむように上体を持ち上げます。5秒キープした後ゆっくり①の状態まで戻します。10回行ないます。

便秘に効くツボ

便秘が原因で下腹が出ている場合、ツボを刺激して、便秘を解消することが有効です。

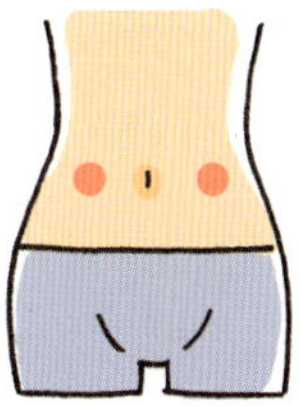

天枢（てんすう）

おへその左右、指３本分外側。親指と小指以外の３本の指で、左右同時に指圧します。

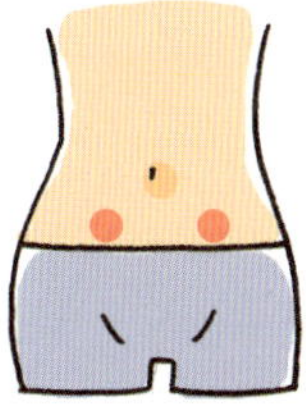

大巨（たいこ）

天枢から指３本分下がった部分。親指で左右同時に指圧します。

ヒップアップ

たれたヒップは筋肉が衰えた証拠
筋肉を引き締めて後ろ姿美人に

ヒップのたるみは、後ろ姿年齢をぐんと上げてしまう要素のひとつ。太ももからお尻のラインにかけての老化は、比較的早い時期から始まり、筋肉が衰えるとお尻がたれたり、横に流れたりします。普段あまり使われることのない筋肉なので、衰えるのが早い部分ですが、鍛えれば美しいラインが手に入り、脂肪も落ちやすくなります。

ヒップラインが
きれいだと
モテるわよ♥

ウォーキングも正しい姿勢で

正しい歩き方

少し早歩きで
背筋を真っすぐ
腕を大きく振る
歩幅を広く
着地は
かかとから

後ろ側の太ももを意識して足を動かすと、お尻やヒップの引き締め効果があります。また、お腹に力を入れると、腹筋も引き締まります。

ヒップアップエクササイズ

太ももの裏に負荷をかけて、お尻や太ももの筋肉を引き締めます。電車を待つ間など空き時間にも行なうことができます。

❶ 背筋をのばして立ちます。

❷ 左足を後ろに持ち上げて 10 秒キープします。右足も同様に。

日常生活でヒップアップ

特別な運動以外にも、日常生活で気をつければ、お尻の筋力低下を食い止めることができます。

- **階段を使う**
- **立っている時は
きゅっとお尻に力を入れる**
- **背筋をのばす**

これらの点に注意して、習慣化するとよいでしょう。毎日の積み重ねが重要です。

足のむくみ

むくみは血流が滞ることが主な原因
放っておくと足が太くなることも

足のむくみは、血液やリンパの流れが滞ること、冷えなどが原因です。また、加齢で心臓の血液を押し出す力が弱まること、そして血液を送り返す足の筋力低下なども、むくみやすくなる要因です。むくみが続くと筋肉が固くなり、脂肪を燃焼しにくくなるので、足が太くなってしまいます。積極的に足を動かして、足元にたまった血液を上半身までめぐらせることが大切です。

むくみ予防

・運動をする

運動不足だと、血液やリンパの流れも滞りがちになります。移動は可能な限り歩いたり、階段を使ったりするよう心がけましょう。

・水分を適量摂る

水分を摂らないと、余計に血液の循環を悪くしたり、脱水症状を引き起こしたりします。ただし、一気に水分を摂るのも逆効果なので、こまめに摂ること。

・塩分を控える

塩分は水分を抱え込むため、摂りすぎるとむくみが生じます。塩分の高い食事を避けるようにしましょう。

足のむくみ解消エクササイズ

足元にたまった血液の流れをよくして、足のむくみを解消します。まめにむくみをとると、足もやせやすくなります。

❶ 仰向けになり、腰から足を上に持ち上げます。両手で腰を支えます。

❷ ひざを曲げないように、左右の足を交互に動かします。20回行ないます。

むくみ改善に足湯

足を温めて血行を促すことで、むくみが改善されます。粗塩や岩塩などを入れるとより効果的です。

❶ バケツなどに42～43℃ぐらいのお湯を張り、足（ひざから下でもOK）をお湯につけます。

❷ お湯が冷める前に上がり、足に冷水シャワーをさっとかけると湯冷めを防ぐことができます。

太もも・ふくらはぎ

体で一番大きな太ももの筋肉を鍛えて全身の代謝を上げる

ハリのある太もものラインは、女性らしい若々しさを象徴する部位のひとつ。しかし、太ももの筋肉は、体の中で最も大きな筋肉のため、一番硬くなりやすい部分でもあります。

　この筋肉が硬くなると、消費するエネルギーも減り、全身の代謝も悪くなってしまいます。太ももの筋肉をほぐすと、代謝もよくなり、体型維持と同時に、肌の健康を促すことにもつながります。

やせても
さすがに
着れない……
10年前に
買った
ミニスカート

加齢によるふくらはぎの血管の老化でふらつくといった足の筋力低下も

ふくらはぎの血管は、足元にたまった血液を上体へ送り返す働きを担っています。加齢で血管が衰えると、血液を送る力も弱くなり、全身の血流が悪くなります。ふくらはぎの血液循環が悪いと、足の筋力が弱まるという悪影響もあらわれます。

　運動をするなどして、血行を促し、ふくらはぎの筋力を低下させないように心がけましょう。

…大丈夫？
ふら〜
おっとっと

太ももマッサージ

太ももの筋肉をほぐして、やわらかくするマッサージです。筋肉や血液の流れを意識して行ないましょう。

❶ 椅子に腰かけ、親指が内側になるようにして、両手で足の付け根を持ちます。

❷ 足の付け根からひざに向かって、力を入れながら両手をスライドさせます。これを５回繰り返します。

ふくらはぎマッサージ

ふくらはぎをマッサージすることで、血のめぐりがよくなり、筋肉の衰えを防ぐことができます。

❶ ひざを立てて座り、親指が上側に来るようにして両手で右足首を持ちます。

❷ 親指以外の４本の指に力を入れてひざまで動かします。左足も同様に。５回ずつ繰り返します。

第4章

習慣

アンチエイジングに入浴や睡眠はとても重要。
老けない習慣を身につければ、
手軽に体を若返らせることができます。

LIFESTYLE

ん？
おーい 誰だ会社に こんなもの持って きたのはー
シュノーケルセット
あ
すみませ〜ん
ちゃんと片付けて おきなさい。
GWに ハワイに 行くから先輩に 借りたんです〜
えへへ
海に入るなら 日焼け止めは しっかりね☆
どーん
若い時の日焼けが 後々になって シミやシワになる から気をつけて〜
しかも 皮膚ガンを 引きおこす 可能性もあるのよ〜
おみやげ 楽しみにしてるわ
ハワイーー
ビーチに出る前に 日焼け止めを…
あたしたち しっかり 焼くも〜ん♪
めざせ小麦の色 マーメイド
あっ
えーちょっと 日焼け対策した 方がいいって
大丈夫だよー
早く 来なよー

その日の夜
いたたたた……っ
うわー これはヒドイ
プシュー
冷却スプレー
バタン
ヒリヒリ
ヒリ
冷水シャワーなのに体にあてるとお湯になる…
だから言ったでしょ
ホホホ
おみやげはプレミアムなマカダミアナッツにします☆
専務や先輩の言うこと素直に聞いておいて良かった…☆
戻りましたー!!
おみやげでーす♪
日焼けには気を使ったみたいね
あんまり焼けてないわ
マカダミアチョコでーす
おかげさまで日焼けのつらさを実感しました
旅行中ずっと痛みが引かなかった2人
ヒリ
ヒリ
ヒリ
ヒリ
プッ
フフッ…
若い子はムチャするから

旅行のために買った帽子とかはまた夏に使えるからいいですね♪
今まだ5月だしー
残った日焼けどめ
…残念だけどその考えは甘いわ…
フフフ
なぜなら紫外線は年中降り注いでいるし
紫外線の影響は5月頃が一番強いのよ
ワンワン(脅し)
うぅぅ なんかすみません
さあ立って
だから年中紫外線には気をつけた方がいいわ
それに紫外線は白内障とかの原因になったりするから
肌の老化だけじゃなく
えっ
そうなの?
紫外線をブロックすることは私たちの未来の健康にもつながるの!
どっからスポットライトが

翌日
おはよーございまーす
あ 清子さーん
日傘
早速実践してますね
あんな話聞いちゃうとねー
キキィ
バタン
ありがとねー
息子に送ってもらった
バーン
カッ
カッ
あれ…先輩?
完全防備ですね…
…ていうか車で送ってもらってたらあんまり意味ないんじゃ…
あっ
部長まで…!!
目の紫外線対策用サングラス
んっ?

紫外線

さまざまな害を及ぼす紫外線に肌をさらさないことが大事

紫外線（UV）は、体内で活性酸素を発生させる要因。活性酸素が増えすぎると、細胞を酸化させて老化を進めてしまいます。また、免疫機能を低下させたり、皮膚がんや白内障など、さまざまな病気の原因になることもあります。

日常生活で、この紫外線を避けることは、美容だけでなく健康維持にとっても重要です。

※日陰でも反射による紫外線が存在します。

紫外線対策の注意点

紫外線に注意するのは夏だけではありません。1年のうちで、紫外線の量が増えるのは3月～9月にかけて。時間帯では、10時～14時ぐらいの間に最も多くなります。また、曇りの日でも、晴れた日の半分以上の紫外線にさらされているもの。紫外線対策は、曇りの日でも万全に行ないましょう。

さらに、長袖の服を着ていても、洋服の上から紫外線は通ってきます。UVカット生地のカーディガンなどを着て防ぐようにするとベストです。

紫外線から身を守る工夫

１章で紹介したスキンケアの他、紫外線を遮る工夫は色々あります。TPO に合わせて使い分けましょう。

帽子をかぶる

つばの広い UV カット効果のある帽子がベスト。濃い色で目の細かい生地であれば、UV カット仕様でなくても高水準で防げます。

サングラスをかける

白内障の原因にもなる紫外線はサングラスで遮断。ただし、色の濃いレンズでは瞳孔が開き、より紫外線を吸収してしまうので、色の薄いものの方が無難です。

UV カットのものであれば透明なレンズでも OK です

日傘をさす

白は紫外線を反射し、黒は紫外線を吸収しますが、素材や生地の厚さで効果が異なります。紫外線の照り返しを防ぐ加工がほどこされていれば、より効果アップ。

睡眠

質のいい睡眠が得られれば肌や身体の修復を促して若々しい身体に

起きている間、血液の多くは脳内に集中していますが、眠りにつくと体内のすみずみに血液が届き、肌や筋肉にも栄養が行き渡るようになります。身体の細胞を修復し、老化を遅らせるので、睡眠はとても大切です。

細胞を修復する成長ホルモンは、眠り始めてから3時間ぐらいの間に、最も分泌が盛んになります。修復には6時間ほどかかるので、睡眠時間は6時間以上とるとよいでしょう。

特に午後10時～午前2時ぐらいの間に眠るとお肌にいいわよ♥
ねむねむ～

自分に必要な睡眠時間を見つけて快適な眠りを手に入れる

また、30歳を過ぎた頃から次第に深い眠りが得られなくなってきます。これは、日中に消費するエネルギーが減り、睡眠の必要量も減少することなどが原因です。

睡眠時間は8時間とらなければならないといわれますが、年齢や体質などの違いにより、必要な睡眠時間は人それぞれ。「8時間睡眠」にこだわらず、自分にとって最適な睡眠時間で眠ることが大切です。

朝5時起きがフツウに…

快眠のコツ

なかなか寝つけない人も増えているこの頃。眠る環境を整えて、質のよい眠りを手に入れましょう。

寝室は暗くする

睡眠を促すメラトニンという物質は、周囲が暗いと分泌が盛んに。照明を落としたりして、寝室は暗くしておくこと。

就寝前に携帯電話やパソコンをやらない

眠る直前までパソコンなどをしていると、脳が活性化したままになります。就寝前はリラックスして過ごしましょう。

昼間は体を動かす

体を動かして体温が上がると、体温が下がってきた時に自然と眠りやすくなります。

快眠ストレッチ

就寝前にストレッチをすると、筋肉がほぐれて副交感神経が優位になり、リラックスして眠りにつきやすい状態になります。

❶ 仰向けに寝て、ひざを曲げて両手で抱え込みます。ひざを胸に引きつけながら頭を起こし、背中から腰にかけての筋肉をのばします。

老化を早める悪い習慣

アンチエイジングの努力をしても、悪い習慣が身についていると台無し。老化を進めてしまう習慣は改善するように心がけましょう。ストレスや食品添加物などを完全になくすのは難しいですが、できるだけ体内にためないよう、注意することが必要です。

喫煙

タバコのニコチンは、毛細血管を収縮させる作用があるので、皮膚に栄養が行き渡らず、老化を進めてしまいます。また、ビタミンＣを破壊するため、シミを生みやすくなります。

ストレス

体にストレスがかかると、体内ではコルチゾールというホルモンや活性酸素が過剰になり、老化を促します。よく笑うなどして、まめにストレスを解消することが大事です。

アルコール

アルコールが分解される際に活性酸素が発生し、ビタミンなどの栄養素が消費されます。飲酒は適量であれば、それほど問題はないものの、飲みすぎには注意が必要です。

運動不足

老化は成長ホルモンの減少によっても進行します。しかし、運動不足ではホルモンが減少する一方。適度な運動をすると、ホルモンの分泌を促し、老化を遅らせることになります。

食品添加物

日頃口にするものの中に、数多く含まれている食品添加物。添加物を摂ると、分解する際に体内の酵素が使われるので、体の老化を進めてしまいます。食事は手作りを心がけましょう。

アンチエイジング入浴法

湯船につかると血行がよくなり心身ともにリラックス

入浴の際、湯船につかると、筋肉がほぐれてリラクゼーション作用が生まれます。ストレスを解消する効果もあり、心地よい眠りへと誘われます。ただし、あまり長時間つかっていると、肌の潤い成分がお湯の中に流れ出て乾燥をまねくので、つかるのは10～20分ほどでよいでしょう。

入浴すると血行が促されるので、老廃物の排出も促進されます。さらに血液によって栄養も体のすみずみに運ばれるため、入浴はアンチエイジングにとても効果的です。

入浴時の注意点

・ぬるめのお湯につかる

入浴は、38℃ぐらいのぬるめのお湯が最適です。熱いお湯だと交感神経が刺激され、覚醒方向へ向かいます。ぬるめのお湯の場合、副交感神経が優位になってリラックスし、寝つきもよくなります。

・ボディソープは避けて

体を洗うときは、クレンジングなどと同様、合成界面活性剤が多く含まれたボディソープを避けるようにしましょう。化学物質が肌から吸収されるのを防ぎます。

・体を洗いすぎないこと

また、体は何度も強く洗わないことが一番。皮脂を取りすぎると、皮膚の善玉菌が除かれ、肌荒れを起こす原因になります。

アロマバス

精油を3～4滴ほど湯船に加えて入浴します。肌の弱い人や刺激の強いオイルを使用する場合は、キャリアオイルなどで薄めて入れましょう。

精油を薄める時に使えるもの

・アーモンドオイルなどの
　キャリアオイル…5mℓ
・牛乳…30～100mℓ
・ハチミツ…10mℓ
いずれかに精油を加え、よく混ぜてから湯船に入れます。

今日は牛乳で…
牛乳には保湿・保温効果もあります

使用する精油は39pの精油の他、次のようなものもおすすめです
・**冷え解消に**…ローズマリー、マジョラム、イランイラン
・**就寝前に**…サンダルウッド、ラベンダー、マンダリン
・**気持ちを穏やかに**…ベルガモット、サイプレス、カモミール

半身浴

下半身を中心に全身の血流をよくする半身浴もおすすめです。体の免疫機能も高まります。

38～40℃ぐらいのお湯を、浴槽の1/3ぐらいまで張り、みぞおちまでつかって15～20分ぐらい入浴します。

湯船に岩塩や日本酒などを加えてもOKです。ただし、体調が悪い時や生理中は、半身浴は避けましょう。

湯冷めしないよう
入浴後は
早めに寝ましょう
ぽか
ぽか

じゃあイス たおしますねー
ハーイ
最近 抜け毛が 多くて〜…
あら あら
大丈夫ですよ 一日平均50〜70本 ぐらい抜けるもの ですから
100本ぐらいまで 正常な範囲です
へー
そうなん ですか？
流しますねー
ヘッドスパコース いってみますか？
あ、月末で お金ないや…
また次来た ときに〜
ありがとう ございました
う〜ん
美容院来た後は いいんだけど すぐ髪のツヤ なくなるんだよな〜
せっかく やせてきたんだから ちゃんと髪も ケアしなきゃ…

明美さんの髪ツヤツヤですねー
改めてみると
あらそう？ありがと♡
トリートメントとかしてるんですか？
高いやつ？
いいえ
シャンプー前に頭皮のマッサージはしてるけど
マッサージすると抜け毛も減るし髪のツヤも出るわよ♪
へえーどうやるんですか!?
わしわし
ふ〜こうしてゆっくりお風呂の時間使うとなんかゼイタクだわ♡
今度ローズオイルでも入れてみよっかなー♪

数日後
サラ…
清子さん なんだか 髪キレイですね
あ
うふふ わかるー?
ホホホ
明美さんに 教えてもらった 頭皮マッサージ 続けてるのよ♪
へーーッ
私も やろう かな!!
そして その方法は 口コミで ひろがり——
ねえ 聞いた?
頭皮の マッサージでね…
…あ クライアントさん 来られる時間だわ
どうぞ こちらへー
いつもお世話に なります~
ハッ

全員美髪
う…美しい!!
こ…ここは髪タレさんの控え室ですか!!!
髪のパーツモデル
いいえ? 普通の社員たちですが…
コソ…
……
わしわし
OIL
部長 おはようございますー
くるり
おはよう
!!
ぶっ
部長の髪がフサフサに――!?
ヒ
予想図
妄想
くかー

髪のケア

シャンプーの仕方や液剤に注意して髪と頭皮の健康を保つことが大事

シャンプー剤も、髪や肌に悪影響が出ないよう、できるだけ合成界面活性剤が少ないものを選びましょう。頭皮から有害な化学物質が入り込むと、毛根だけでなく、髪のキューティクルもダメージを受けてしまいます。

また、使用するシャンプー剤以上に、シャンプーの仕方も重要になります。正しい洗髪法を身につけて、頭皮と髪の健康を手に入れましょう。

シャンプーを正しく行なえば髪のツヤもよくなるよ!

ブラッシング

シャンプー前など、髪のからまりやほこりを取るためにブラッシングを行ないます。頭皮の血行を促して、たるみを予防する効果もあります。髪を傷めないよう、毛先の方から軽く行ないましょう。また、頭皮の古い角質を落として、新陳代謝を促す役割もあります。

ブラッシングの際、ブラシは自然素材で先の丸いものを使うこと。先がとがっていると、頭皮が傷ついてしまいます。

正しい洗髪法

シャンプーで洗うのは髪よりも頭皮が重要。シャンプー剤をつけたら指の腹を使って、頭皮の汚れをしっかりと落とします。

① シャワーでしっかり汚れを落とします。2～3分行なうと、髪の汚れが70%ぐらい落ちます。

② 水気を切ります。水気をざっと切った方が、少ないシャンプー量でもしっかり洗えます。

③ シャンプー剤を手で泡立てます。洗顔の時と同じように、髪につける前にしっかり泡立てましょう。

④ シャンプー剤をつけ、頭皮をマッサージするように洗います。爪を立てないように注意します。

⑤ しっかりすすぎます。シャンプーの時よりも時間をかけてすすぎ、タオルで水気を取りましょう。

⑥ 髪を根元から乾かします。濡れていると髪のキューティクルがはがれやすくなるので注意を。

スカルプケア

頭皮の汚れを落として清潔にすると顔のたるみや新陳代謝改善にも

頭皮（スカルプ）が衰えてたるんでくると、額やまぶたのたるみなど、顔全体にも影響を及ぼします。スカルプケアを行なうと、頭皮のたるみが改善され、顔のリフトアップにも効果があります。

また、頭皮のこりをほぐし、毛穴の汚れを解消すると、白髪や抜け毛の予防にもなる上、血行を促し新陳代謝も活発になります。スカルプケアを行なって、髪に潤いを与えましょう。

スカルプケア用オイル

キャリアオイルには椿油などを使ってもOKです。精油によっては刺激の強いものもあるので、加える場合は少量から始めましょう。

材料 キャリアオイル…15 ～ 30㎖
好みの精油…4 ～ 5 滴

1. キャリアオイルに精油を加え、よく混ぜ合わせます。

精油はローズマリー（血行促進）、ラベンダー（抜け毛・フケ予防）、オレンジ（育毛）、ペパーミント（皮脂分泌の調整）などがおすすめです

スカルプマッサージ

頭皮のマッサージをすることで、毛穴の汚れを浮かび上がらせやすくします。頭部の疲れをほぐし、硬くなってしまった皮膚をやわらかくする効果もあります。

① オイルを頭皮全体になじませ、側頭部を指の腹でマッサージします。円を描きながら、下から上に頭皮を持ち上げるようにします。

② うなじの髪の生え際から後頭部まで同様にマッサージします。両手の指で下から上に向かって頭皮をほぐしていきます。

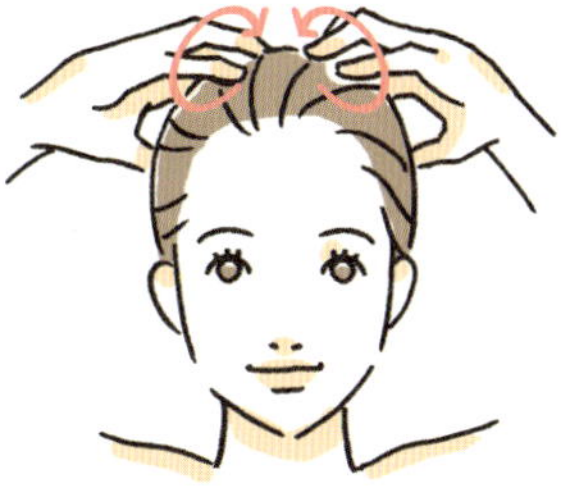

③ 前髪の生え際から頭頂部まで同じようにマッサージします。

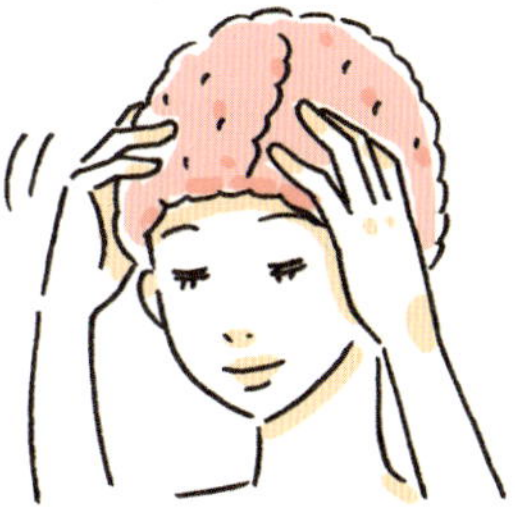

④ タオルなどで髪をまとめて 10 ～ 20 分おいた後、髪を洗います。

髪をまとめた後で入浴すると、血流がよくなり、さらに効果的です。洗髪の際、オイルはしっかりと洗い流すこと。週に 1 度ぐらい行ないましょう

第5章

心と脳

食事やエクササイズで体を整えたら、
気持ちも若返ります。脳と心の若さを保ち、
毎日を健やかに過ごしましょう。

BRAIN

テキパキ
ハイ
ハイ
カタカタ
気合い入ってるわねー
今日デートなんです
服も仕事も
へー
良いな
キラーン
恋愛すると女性ホルモンの分泌が増えるわよ
女性ホルモンが増えるとお肌の調子良くなったりするのよ
幸せな恋愛しましょうね
ハーイ♪
おやつどうぞ～♪
わー
どうしたの？コレ
今パン教室通ってるんです
おいしー

それはいいわね 指先を使うことは脳のアンチエイジングにもなるのよ
料理とか特にね
明美さんいつもお弁当作ってますもんね〜
あっそうだ 私も今度ヨガ教室通うんですよー♪
チベット体操始めてからヨガにはまっちゃってー
新しいことに挑戦するのも脳にいいわよ〜
きゃ♡
きゃ♡
♪〜
今日が初日〜
ガチャ
こんにちはー
ハイ いい感じですよー
え!!
部長…!?

最近みんなイキイキしてるわねー
アタシも何か始めようかしら…
散歩だけでも充分だと思いますよ
フフフ
そうねぇ
キレイだわー♪
写メしちゃお〜
カシャ♪
花で季節を感じるのも風流ね♡
カメラを始めるのもいいかもしれないわね
ドンッ
やだっごめんなさい!
スミマセンッ
キッ
いや、こっちもちょっとよそ見してたんでっ
ケガなかったスか?

ポワーーン
アラ、ちょっとカワイイじゃない？
じゃ失礼しますー
シャー
散歩でこんな楽しみもあるのね
…わぁ〜♡
専務の写真ステキ〜♪
カメラ始めたばっかなのにスゴイですねー♡
もーおだてても何も出ないわよー♡
…あれ？
専務…コレ途中で目的が変わってませんか…？
捕まらないで下さいよ…
何よ!! 人生にトキメキは必要でしょ!!!
美少年ウォッチング…？
あらひらきなおったわ
…

買い物

ショッピング中も五感を刺激し脳を活性化させるチャンスがいっぱい

　買い物には脳を刺激するきっかけがたくさんあります。さまざまなお店で実際に商品を手に取ることで五感が刺激され、感性も豊かになります。また、普段は行かないようなお店に足を運ぶことも、脳の活性化に役立ちます。

　年に数回「大きな買い物」をするのも効果的。「お金を無駄にしたくない」という気持ちから、関連した情報や商品に気づきやすくなるなど、日常生活でも脳が活発に働き始めます。

プレゼントの効能

　誰かにプレゼントを贈る時も、脳はさまざまな活動を起こします。「相手の希望・好み」「色」「形」「サイズ」「使い心地」「予算」など、色々な情報や要素を検討して商品を選んだり、どんなタイミング・方法で贈るかなどをイメージすることで想像力も高められます。

　また、相手の好みや欲しい物などをリサーチする中で、人に対する観察力や洞察力が磨かれます。プレゼントを通じて相手に喜んでもらうことも、脳に大きな喜びを与えます。

料理

段取りよく料理することで脳の機能をフル活用

大脳は「手」「顔」からの刺激に大きく反応するため、手や指先をたくさん使う作業は脳の活性化に大きな効果をもたらします。

特に料理は思考力（献立や段取りはどうするか）・応用力（手元の食材をどう調理するか）・発想力（美味しそうに盛りつけるにはどうしたらいいか）なども同時に鍛えることができます。

調理中や食事中も、味・香り・温度・手触り・色合いなど、五感への刺激がたくさん得られます。

めしあがれ♥
ざ…
斬新だね
メロン
そば

新しい料理への
チャレンジも
新鮮な刺激を
脳に与えます

よく噛むことの効果

あごの骨は頭の骨と直結しているため、噛めば噛むほど頭の血のめぐりがよくなり、頭が冴えてきます。食べ物が細かく砕かれ、消化酵素を多く含んだ唾液もたくさん出るので、消化が楽になり、胃腸への負担も減らせます。

また、唾液には「若返りホルモン」といわれるパロチンが含まれており、筋肉や内臓、骨、歯などを若返らせる効果があります。

一口30回を
目安に噛んで、
頭も体も
スッキリ!
かみ
かみ

趣味

「夢中になる」「関心を持つ」ことがアンチエイジングの基本

好きなことに没頭していると、快感を感じた時に分泌されるドーパミンの量が増えます。感動と興奮が脳を喜ばせ、イキイキとさせる効果があります。

音楽

歌うこと、聴くことで脳をリフレッシュ

カラオケなどで「お腹の底から声を出そう」とすると自然と腹式呼吸になり、酸素が多く入ってきます。血流がよくなり、頭や心もスッキリします。

また、クラシックには「1/f ゆらぎ波」が含まれた曲が多く、聴くことで脳内にたくさんのアルファ波が出て、気持ちが穏やかになります。学習力や記憶力をアップさせる効果も得られます。

読書

音読を通じて脳の情報処理能力をアップ

声に出して文章を読むことで、「読む」「話す」「考える」「理解する」など、脳の働きを活発にします。

絵

鮮やかな色彩がリラックス効果をもたらす

風景画などを観ると、自分が大自然の中にいるようなリラックスした気分になり、脳の働きが活性化されます。また、自分で自由に色や線を描くことで想像力が高まり、右脳を鍛えることができます。

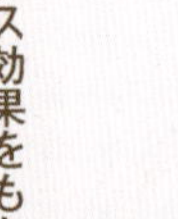

ガーデニング

植物や土に触れることで脳を癒し、活性化

自然に触れることで癒し効果が得られ、ストレスを軽減させ、前向きで明るい気持ちをもたらします。

散歩

「いつもと違うこと」を取り入れることで脳や気分をリフレッシュ

歩くことで血流がよくなるとともに、神経細胞に栄養素が行き渡り、脳が刺激されます。歩き始めて20分もすると脳内に「快楽ホルモン」「脳内麻薬」と呼ばれるβ-エンドルフィンやドーパミンが分泌され、ストレスホルモンから脳を守ってくれます。

通勤時に1駅前で降りて歩くなど、日常のちょっとした時間に散歩を取り入れることで、脳に大きなリフレッシュを与えられます。

歩く道を少し変えてみることも脳のウォーミングアップに

日光浴の効果

日光を浴びることで自然と心が晴れ、前向きな気持ちが持てるようになります。快楽に関わるA10神経が刺激されることで、ドーパミンが分泌され、意思や意欲も高められます。

心を落ち着かせ、気持ちを明るくするセロトニンの分泌も促進されるので、明るい時間の外出はいい気分転換にもなります。紫外線ケアをしっかりして散歩を楽しむようにしましょう。

呼吸

深くゆったりとした呼吸で心身のバランスを取り戻す

私たちは交感神経と副交感神経の二つがバランスをとって、心と体の健康を保っています。ですが忙しい毎日に追われたり、悩みを抱え続けていると、交感神経の興奮状態が続いて心身のバランスを崩してしまう恐れがあります。

ゆっくりとしたリズムでお腹から呼吸する腹式呼吸を行なうと、自然と副交感神経が優位になり、リラックスすることができます。心が落ち着き、集中力も高められます。

横隔膜の上下運動で消化促進、腰痛予防、冷え症改善にも効果があるのよ
フー

腹式呼吸のポイント

腹式呼吸で大切なのは「吐く」ことです。お腹をへこませながら鼻から吐きましょう。体内に残っている老廃物などの悪いものを全て吐ききってしまうようなイメージで、10～20秒くらいかけて細く長く吐き出します。

吸う時は鼻から、体全体に新鮮な酸素がいきわたるようなイメージで吸います。吸う時に自分の好きな色の空気をイメージしながら吸うのもおすすめです。ピンク色の空気は優しい気持ちをもたらし、若返り効果もあります。

スーッ

感情表現

ガマンして感情をため込まず、素直に出して自分らしさを取り戻す

　仕事や対人関係など、周りからの期待に応えようと無理にガマンし続けると、自分の感情にブレーキがかかり、無気力状態をまねく恐れも。過度のストレスは、女性ホルモンであるエストロゲンの抑制にもつながってしまいます。

　自分が感じた怒りや悲しみを無理に押さえ込まず、素直に出すようにしましょう。1人でいる時にノートに向かってでも構いません。出すことで気持ちの整理ができ、落ち着きや前向きさを取り戻すことができます。

感情のデトックス方法

・号泣できるDVDや本を読む

　感動できる作品に触れて、思いっきり泣きましょう。実際に声を上げて泣いたり、涙を流すことでスッキリした気持ちになれます。お笑いなどで、思いっきり笑うのも効果的です。

・紙に自分の気持ちを書き出す

　今の自分の心に浮かぶ感情を、何の判断もせずどんどん書いていきます。人に見せることもないので、きれいに書く必要はありません。気が済むまで書ききったら、その紙を燃やしたり丸めて捨てて、気持ちの切りかえをしましょう。

・香りの力を借りて、日常を楽しむ

　好きな香りの化粧品でメイクしたり、リラックス効果のあるアロマを使って入浴するなど、手軽にできるリラックスタイムをとりましょう。

コミュニケーション

おしゃべりを楽しむことで脳に新鮮な刺激を与える

相手の様子を見ながら、言葉や表現を考えて話すことは、脳にとてもいい刺激となります。口を動かすことで脳に血液がたくさん集まり、脳がイキイキと働き始めます。

普段あまり話さない人、違う職業・立場の人、年齢が離れている人などと話すと、思考力や観察力、発想力なども鍛えられます。笑顔を心がけると明るい気持ちにもなり、周りにも好印象を与えられます。

色んな世代の人と話すことで自分の引き出しも増えていくわね

恋愛のときめきや、何かを愛する心が女性らしさや幸せな感覚を高める

恋をすると脳が活発に動くようになり、女性ホルモンや成長ホルモンが分泌され、女性らしさが高まります。幸せを感じる機会が増えると、脳に快楽をもたらすドーパミンも多く分泌されるようになります。

恋愛に限らず、大切な家族や友人、好きなものの存在を身近に感じることで「愛情ホルモン」といわれるオキシトシンが出て、深い愛情を感じたり、人への信頼や共感力を高めることができます。

ウフフ
オキシトシンは動物との触れあいでも分泌されるのよ♥

目標

大きな目標も小さなステップにして楽しくチャレンジしましょう

目標や夢を持って前向きに努力していると、表情や行動もイキイキと輝き出します。「～しよう」と強く意識することで脳が実現に向けて動き出し、意欲や集中力を高めてくれます。

目標達成で大切なことは楽しく努力すること。目標が大きすぎると感じたら、小分けのステップにして取り組みやすくしましょう。また、達成時の理想のイメージをわくわく膨らませることも脳に刺激を与え、効果的です。

効果的な目標の立て方

①目標を立てる

目標を明確にするとともに、達成時にどんな自分になっていたいか、どんな気持ちを得たいかを楽しく膨らませると、意欲も高まります。

②情報収集

達成に向けて何が必要か、どんなことをしたらいいのかなど、幅広く情報を集めます。

③見通しを立て、中間目標を立てる

達成のために、どんなステップを踏んでいくといいのかを考え、目標より小さく、達成しやすい中間目標を立てます。

④達成に向けて行動する

計画に沿って実行していきます。途中で状況が変化したり計画が合わなくなったら、見直しや改善を加え、柔軟に行動していきましょう。

今週末空いてる人～？
オレ空いてる
ん？
お笑いライブのチケットあるんですけどどうですか？
たくさんあるんで～
いいねー♪
わー
よく笑うこともアンチエイジングにはいいわよ
私も行きたいわ
どうぞ～
笑うと免疫力も高まるしストレス解消になるしね
しかも表情筋がきたえられるから顔のたるみにも効くわよ
わ～～
いいことだらけじゃないですかっ
レンタルショップ
コメディ
今夜はコメディ祭りだぁ
♪～
翌日――
ええ!?
笑いすぎで筋肉痛!?
ミスター・ビーンに？
オー!!マーキーに？…
オースティンパワーズまで？…
見すぎよぉ…
ギシギシ

お邪魔します…
わー…
こちらの会社お若い方ばかりですねー
キレイな人ばかり…
ああいえ
年齢的には20才以上開きがありま…
モゴッ
しゅばっ
フフフ
余計なことは言わなくていいのよ浅倉くん♥
ホホホ
同期
すんません…
わざわざ年令のこと言わないの特に男性には
しかし皆さん若いなー
皆さん何かしてるんですか?
ホホホ
食事や習慣に気をつけるのはもちろん常に目標を持つようにしてます
ウフフ
うんうん

ちなみに私の目標は
この若さをキープ！
あと5kg減！
今のカレと結婚！
ぼそ…
増毛…
部長…!!
今、さりげに本音が…!?
…
ハイハイ無駄話はそれぐらいにして商談させて頂戴☆
パンパン
あ…失礼しました
そうそう今日支店から新しい人来るからヨロシクね
えっ
急ですね
今日からこちらに配属になりましたよろしくお願いします
ペコ

キラ
……!!
あのー 若返りとか 興味ないですか？
えっ
私もう トシですから
いいえ!! アンチエイジングに
年令なんか関係ありませんよ!!
ウフフ
それに もうトシと思うと 体にも悪影響が 出るんです
食事で気を付けることは…
顔のマッサージは…
毎日この体操を…
ふんふん
…あの子たち 新しい獲物を 見つけて楽しそうね…

[参考文献]

アンチエイジングの鬼（ワニブックス）／アンチエイジングのすすめ（新潮社）／正しいスキンケア事典（高橋書店）／食べてキレイになる！美肌レシピ（ソフトバンク クリエイティブ）／元気な赤ちゃんが育つ 安産ごはん（ベネッセコーポレーション）／おべんとうのちいさなおかず 300（主婦と生活社）／イラスト図解版 脳をきたえる習慣術（河出書房新社）／小顔になる！顔ツボ1分マッサージ（三笠書房）／フェイササイズ - 自分でできるフェイシャル・エクササイズ（KKベストセラーズ）／即効小顔骨気メソッド（河出書房新社）／2分間！小顔ダイエット（アスコム）／顔層筋メソッド（角川 SS コミュニケーションズ）／他

心とカラダが若返る！

美女ヂカラ

ビューティーライフファミリー

美容に関する知識を深めて、毎日を若々しく過ごそうというグループ。エステティシャン、整体師、料理研究家など、年齢や職業も別々の人間が集まり、情報交換を行なっている。

イラスト
松永 清美（ms-work）

カバーデザイン
宮下 ヨシヲ（サイフォン グラフィカ）

デザイン・撮影
渡辺 靖子（リベラル社）

編集
中村 良子・伊藤 光恵（リベラル社）

2011年7月24日　再版

編　集　ビューティーライフファミリー
発行者　隅　田　直　樹
発行所　リ ベ ラ ル 社
〒460-0008
名古屋市中区栄 4-12-26　栄 CD ビル 4F
TEL　052-261-9101
FAX　052-261-9134
発　売　株式会社　星雲社
〒112-0012
東京都文京区大塚 3-21-10
TEL　03-3947-1021

ISBN978-4-434-15202-3　565005
http://liberalsya.com/